JESZCZE RAZ PROWANSJA

Tego samego autora polecamy:

Hotel Pastis
Rok w Prowansji
Kosztowne nawyki
Dobry rok
Pogoń za Cezanne'em
Psi żywot
Wiwat Agencja
Wszystko, tylko nie...
Lekcje francuskiego
Zawsze Prowansja
Prowansja od A do Z
Wytrawny przekręt
Wyznania francuskiego piekarza

PETER MAYLE

JESZCZE RAZ PROWANSJA

Przełożyła
Zofia Zinserling

Prószyński i S-ka

Tytuł oryginału:
ENCORE PROVENCE

Projekt okładki:
Sylwia Tymkiewicz

Zdjęcie na okładce:
www.istockphoto.com

Redakcja:
Hanna Machlejd-Mościcka

Redakcja techniczna:
Elżbieta Babińska

Korekta:
Grażyna Nawrocka

Łamanie:
Marcin Dębski

ISBN 978-83-7648-417-4

Warszawa 2010

Wydawca:
Prószyński Media Sp. z o.o.
02-651 Warszawa, ul. Garażowa 7
www.proszynski.pl

Druk i oprawa:
OPOLGRAF Spółka Akcyjna
45-085 Opole, ul. Niedziałkowskiego 8-12

Jennie z wyrazami miłości, *comme toujours*

Drugie wrażenie

Chyba to na widok mężczyzny, który prał kalesony za pomocą węża, rzeczywiście uświadomiłem sobie istniejące między światem starym a nowym różnice, kulturowe i inne.

Wczesną zimą, w ciszy mroźnego poranka rytmiczne łup-łup, łup-łup, wyrzucanej pod ciśnieniem wody, niosło się echem przez wieś. Kiedy podszedłem bliżej, ponad murkiem ogrodowym ujrzałem sznur do bielizny, na nim zaś wyłącznie męskie gacie w podniecającej gamie kolorów. Atakowane strumieniem wody, podskakiwały i łopotały niczym ruchome cele na strzelnicy. W pewnej odległości, gdzie nie sięgały odbite krople, stał agresor w czapce, szaliku i zapinanych na suwak bamboszach do kostek. W klasycznej postawie walczącego żołnierza, na szeroko rozstawionych nogach, strzelał z biodra, siekł bezlitosnym gradem kropelek tam i z powrotem. Kalesony nie miały żadnej szansy.

Zaledwie parę dni wcześniej wróciłem z żoną i psami do Prowansji po czteroletniej nieobecności. Prawie cały ten okres spędziliśmy w Ameryce, gdzie mogliśmy znowu posługiwać się znanym językiem, który – choć całkiem ich nie wykluczał – nastręczał stosunkowo mniej trudności z użyciem wyrazów w formie właściwej z towarzyskiego punktu widzenia i w odpowiednim rodzaju gramatycznym. Nie musieliśmy się już zastanawiać nad subtelnymi różnicami w tytułowaniu kogoś *vous* czy *tu* ani pędzić do słownika i sprawdzać rodzaju rzeczowników, począwszy od brzoskwini, na aspirynie skończywszy. Ludzie mówili po angielsku, choć nasze uszy od niego odwykły, a oswojenie się z pewnymi modnymi ozdobnikami lingwistycznymi wymagało trochę czasu.

Przyjaciel, wzrostu poniżej średniego, poinformował nas, że nie jest już niski, tylko „pionowo ograniczony"; godzina, dotychczas zwykłe sześćdziesiąt minut, teraz ma „górę" i „dół"; człowiek nie wchodzi, ale „wkracza", gospodarka wciąż się „zaklinowuje", jak ząb mądrości w szczęce; wielkie umysły „przeczuwają intuicyjnie” to, co niegdyś po prostu odgadywały; miłego, nieszkodliwego słowa „optymistycznie” z uporem się nadużywa. Ważni ludzie nie zmienili poglądów, lecz „przekalibrowali taktykę”.

Powszechne używanie wielu obrzydliwych zwrotów prawniczych świadczy o rosnącej popularności pieniactwa jako narodowego sportu telewidzów. Wśród setek tych okropieństw występowała „nadwyżkowość”. Zauważyłem również, że wyrafinowani i wpływowi Amerykanie – których komentarze chętnie cytują media – nie poprzestają na zakończeniu czegoś, bo wolą „zamykać”. Mam paskudne przeczucie, że już niedługo zarażą się tą sztucznością kelnerzy w pretensjonalnych restauracjach. Niemal ich słyszę: „Czy «zamknął» pan sałatki?” (To pytanie padłoby oczywiście dopiero po dość długim pochylaniu „badawczej krzywej” nad menu).

Po raz pierwszy zawarliśmy w Ameryce znajomość z „outsterem”, choć nigdzie nie natrafiliśmy na ślad jego szczęśliwszego krewniaka: „instera”. Nauczono nas odwykać od beznadziejnie staroświeckiego skupiania się i próbować „ześrodkowania”. Chyba każdy dzień przynosił ekscytujące nowinki leksykalne. Te ciekawostki jednak nie zmieniały faktu, że wokół nas posługiwano się przynajmniej jakąś wersją ojczystego języka, więc powinniśmy się czuć swojsko.

Ale czuliśmy się obco, choć nie z powodu złego przyjęcia. Prawie wszystkie poznane osoby odpowiadały wyobrażeniu o życzliwych, szczodrych Amerykanach. Zamieszkaliśmy koło East Hampton, na końcu Long Island, w części świata przez dziewięć miesięcy w ciągu roku cichej i przepięknej. Pławiliśmy się w amerykańskich wygodach, w efektywności, w niesłychanych możliwościach wyboru i uczyliśmy się miejscowych zwyczajów. Kosztowaliśmy win kalifornijskich. Robiliśmy zakupy przez telefon. Z rozwagą prowadziliśmy samochód. Zażywaliśmy witaminy i od czasu do czasu przypominaliśmy sobie o niebezpieczeństwie cholesterolu. Próbowaliśmy oglądać telewizję. Ja, zamiast zabierać do restauracji cygara, paliłem je ukradkiem. W pewnym okresie wypijaliśmy nawet po osiem szklanek wody dziennie. Innymi słowy, staraliśmy się przystosować.

A jednak czegoś nam brakowało. Ściśle mówiąc, całej gamy widoków, dźwięków, zapachów i wrażeń, które w Prowansji wydawały się oczywiste, od woni tymianku na polach po skłębiony tłum, popychający się na targu w niedzielę rano. Rzadko mijał tydzień, by nie wezbrało w nas coś, co najtrafniej mogę nazwać nostalgią.

W powszechnym przekonaniu człowiek popełnia błąd, kiedy wraca tam, gdzie był szczęśliwy. Pamięć uchodzi za redaktora stronniczego i sentymentalnego, który wybiera to, co chce zachować, nieodmiennie poddając minione wydarzenia drobnym retuszom. Dobre czasy, oglądane z perspektywy przez różowe okulary, nabierają cech magicznych; złe bledną i w końcu się rozpływają, pozostaje zaś tylko czarowne, niejasne wrażenie słonecznych dni i śmiechu przyjaciół. Czy było tak naprawdę? I czy będzie znowu?

Naturalnie można się przekonać tylko w jeden sposób.

Po przybyciu do Francji wprost z Ameryki pierwszy i najsilniejszy wstrząs nerwowy przeżywa się na szosie. My doznaliśmy go zaraz po wyjeździe z lotniska, pogrążywszy się w chaosie rozpędzonych pojazdów, zewsząd zagrażających nam małych samochodów, które mknęły tak, jakby uciekali nimi rabusie po dokonaniu napadu na bank. Dla Francuza na kółkach, o czym wkrótce nam przypomniano, każdy samochód z przodu jest wyzwaniem, toteż kierowca stara się go wyprzedzić z jednej czy drugiej strony, na niebezpiecznych zakrętach, podczas zmiany świateł albo mimo ostrzegawczych znaków drogowych. Ograniczanie prędkości do osiemdziesięciu mil na godzinę uchodzi za nieznośne krępowanie wolności osobistej albo może za jakiś osobliwy przepis dla turystów, więc na ogół nikt nie stosuje się do tego nakazu.

Nie byłoby to tak niepokojące, gdyby zarówno ludzki, jak mechaniczny materiał spełniał stawiane mu wymagania. Kiedy jednak z wyciem silnika mija cię kolejne małe renault, oponami ledwie dotykając szosy, masz nieodparte uczucie, że małych samochodów nie zaprojektowano z myślą o przekraczaniu bariery dźwięku. Nie podnosi też na duchu przelotny widok kierowcy. Jak wiadomo, Francuz nie potrafi dwóch zdań sklecić bez pomocy rąk. Dla nacisku musi kiwać palcami. W konsternacji musi wyrzucać do góry ramiona. Musi dyrygować orkiestrą mowy. Takie przedstawienie może być zabawne dla obserwatora sprzeczki dwóch mężczyzn w barze, ale przeraża przy prędkości dziewięćdziesięciu mil na godzinę.

Ulgę przynosi więc jazda bocznymi drogami, gdzie można podróżować w tempie traktora i jednocześnie oglądać graficzne urozmaicenia krajobrazu. Już za pierwszej bytności w Prowansji pokochałem spłowiałe ogłoszenia, wymalowane na ścianach stodół i na samotnych kamiennych *cabanons* – zachęcające do próbowania aperitifów, których dawno już nie ma, czekolady albo nawozu – popękane i złuszczone, z wyblakłymi przez siedemdziesiąt, osiemdziesiąt słonecznych lat błękitami, ochrami i odcieniami koloru kremowego.

Liczniejsze od tych prymitywnych tablic z ogłoszeniami były mniej malownicze informacje i chyba wciąż ich przybywa. Miasta i wsie miewają teraz po dwie nazwy, obecną i w starej pisowni prowansalskiej. I tak obok Ménerbes występuje Menerbo, obok Avignon – Avignoun, a obok Aix-en-Provence – Aix-en-Prouvenço. To zaś może być dopiero początek. Jeśli zwolennicy prowansalskich znaków drogowych nie zaprzestaną działalności, możemy pewnego dnia zobaczyć „Częste kontrole radarowe", „Nisko latające samoloty" albo nawet „Ojczyznę Big Maca", przełożone na język poezji Frédérica Mistrala.

Tablice są wszędzie – informują, przekonują, pouczają, stwierdzają prawa własności – przybite do drzew, do tyczek na skrajach pól, przyczepione do ogrodzeń, naklejone na beton; reklamy piwnic z winem, miodu, esencji lawendy i oliwy, restauracji i pośredników w handlu nieruchomościami. Na ogół do czegoś zachęcają. Parę jednak ostrzega przed złymi psami, jedna zaś – moja ulubiona – jest szczególnie groźna. Wisi wśród wzgórz Haute Provence, na drzewie obok ścieżki, która wiedzie na teren pozornie bezludny i dziki. Napis brzmi: *Tout contrevenant sera abattu, les survivants poursuivis.* Co po przetłumaczeniu oznacza mniej więcej tyle: Do przechodzących przez ten teren będzie się strzelać. Pozostali przy życiu będą ścigani sądownie. Chcę wierzyć, że autor tekstu miał poczucie humoru.

Jeszcze jednego ostrzeżenia – jak sobie wyobrażam – nie mógłbym chyba zobaczyć w żadnym innym kraju na świecie prócz Francji. Wisi ono na Place des Lices w St.-Tropez, gdzie co tydzień odbywa się targ. Emaliowana tablica, przykręcona śrubami do ogrodzenia, informuje przechodnia dużymi literami i surowym językiem o absolutnym zakazie przystawania i oddawania moczu w najbliższej okolicy. Jest zgoła niewyobrażalne, aby coś takiego trzeba było podawać do wiadomości na przykład w East Hampton, mieście znanym z wyregulowanych i wielce zdyscyplinowanych pęcherzy.

Informacja taka jest konieczna we Francji z uwagi na to, że Francuz siusia, gdzie popadnie. Na zew natury odpowiada natychmiast, niezależnie od miejsca, w którym się akurat znajduje. W miastach i miasteczkach są tysiące ustronnych kącików; tutaj na wsi setki mil kwadratowych pustkowia i miliony krzaków zapewniają *le pipi rustique* intymność. Ale sądząc po miejscu, jakie wybiera Francuz, bynajmniej nie szuka on zacisza. Czasem na skale, gdzie na tle nieba rysuje się niczym osaczony jeleń, czasem tak blisko drogi, że samochód musi skręcić w bok, aby nie przeciąć strumienia, Francuz stoi i spełnia swój męski obowiązek. I nie jest tym bynajmniej skrępowany. Jeśli napotka wzrok kierowcy, pozdrowi go grzecznym skinieniem głowy. Ale, co bardziej prawdopodobne, będzie szedł za swoją potrzebą, a równocześnie patrzył w niebo i liczył chmury.

Na szczęście takie groźne ostrzeżenia nie są czymś typowym dla większości miejsc publicznych. We Francji rzuca się w oczy uprzejmość w stosunku do obcych – ludzie nie muszą być życzliwi, lecz zawsze są grzeczni, a kiedy ktoś rano ma coś do załatwienia, na każdym kroku napotyka drobne, lecz miłe dowody, że go dostrzegają, co nie zawsze się zdarza w innych krajach. Na przykład w Anglii wielu sprzedawców stara się zachowywać tak, jakby klient nie wszedł do sklepu, zapewne dlatego, że nie został im oficjalnie przedstawiony. Natomiast w Ameryce, której mieszkańcy są szalenie bezceremonialni, często spotyka się z czymś wręcz przeciwnym i musi odpowiadać na zadawane w najlepszej intencji pytania o stan jego zdrowia i samopoczucie, a jeśli prędko nie położy im tamy, wysłuchiwać powodzi uwag i pytań o przodków, strój, dziwaczną wymowę i ogólny wygląd. W moim przekonaniu Francuzi zachowują złoty środek między poufałością a rezerwą.

Do pewnego stopnia pomaga w tym język, który umożliwia wypowiadanie się z wdziękiem, nawet w dość zasadniczych kwestiach. *Non, monsieur,* nie zachował się pan przy stole jak bydlak; po prostu ma pan *crise de foie.* A czy dżentelmen w kącie mógłby puszczać bąki? Na pewno nie. To grzmiące dźwięki *piano des pauvres,* fortepianu biedaka. Brzuszysko tak wielkie, że koszula ledwie się na nim zapina, cóż, to tylko *bonne brioche*. Jest i słynne z elegancji tłumaczenie dialogu w klasycznym westernie.

KOWBOJ: Nalej mi łyk żytniówki.

TŁUMACZENIE: *Un Dubonnet, s'il vous plaît.*

Nic dziwnego, że przez tyle lat francuski był językiem dyplomacji.

Pozostaje do dziś językiem gastronomii, a w kraju, w którym człowiek często ma wrażenie – przynajmniej na drogach – że jest spóźniony na lunch czy obiad, mógłby oczekiwać bardziej namacalnych dowodów powszechnego zamiłowania do dobrej kuchni. Więcej grubasów, więcej ludzików Michelina, toczących się z jednego posiłku na drugi. Ale nie widać nic podobnego; przynajmniej w Prowansji. Tłuściochy oczywiście się trafiają, ale rzadko. Większość spotykanych co dzień mężczyzn i kobiet to osoby zdecydowanie, irytująco szczuplejsze, niż mają do tego prawo. Słyszałem, że cudzoziemcy tłumaczą to jakąś dobroczynną mieszaniną genów lub zbyt gwałtowną przemianą materii, wywołaną nadmiarem kawy i francuskiej polityki, lecz prawdziwej przyczyny należy szukać w tym, co się tutaj je i pije i jak się to robi.

Francuzi nie pojadają. Wychodząc z *boulangerie*, oderwą koniec świeżej bagietki (której, jeśli jest ciepła, właściwie nie sposób się oprzeć) i zjedzą tę piętkę. Zwykle nie widzi się, aby coś więcej spożywali na ulicy. Dla porównania Amerykanie pochłaniają w miejscach publicznych pizzę, hot dogi, nachos, tacos, bułki z sałatą, mięsem i serem, chipsy ziemniaczane, kanapki, olbrzymie pojemniki kawy, półgalonowe baniaki coca-coli (naturalnie dietetycznej) i Bóg wie co jeszcze, łykają to w biegu, często w drodze na aerobik.

Wstrzemięźliwość między posiłkami zostaje wynagrodzona, z chwilą gdy Francuz zasiądzie do stołu. Tu inne narodowości ogarnia głębokie zdumienie. Czy można wepchnąć w siebie dwa duże posiłki dziennie i nie zaokrąglić się jak balon albo nie paść, z arteriami zatkanymi cholesterolem? Francuskie dania na pewno są niewielkie, ale podawane jedno po drugim i często takie, że na ich widok lekarzy amerykańskich ogarnęłoby przerażenie: te wieprzowe klopsiki w śmietanie, pasztety podlane armaniakiem, grzyby zapiekane w maślanym cieście, kartofle gotowane na kaczym tłuszczu to zaledwie wstęp do dania głównego. Po którym, oczywiście, musi być ser, ale nie za dużo, bo jeszcze będzie deser.

A czy jest do pomyślenia posiłek bez wypicia jednego, dwóch kieliszków wina z uwagi na żołądek? Kilka lat temu poszukiwacze prawdy gastronomicznej odkryli to, co Francuzi wiedzą od stuleci, i obwieścili, że niewielkie ilości czerwonego wina są zdrowe. Niektórzy posunęli się dalej. Szukając logicznego wyjaśnienia czegoś, co zyskało nazwę Francuskiego Paradoksu, zauważyli, że Francuzi wypijają dziesięć razy więcej wina niż Amerykanie. *Voilà!* Paradoks wyjaśniony. To chyba wino zapewnia Francuzom kondycję i zdrowie.

Choć chciałbym uważać to za takie proste, podejrzewam, że na żołądek francuski oddziałują inne, mniej dramatyczne czynniki.

W moim przekonaniu, nie popartym najmniejszym naukowym dowodem, składniki pożywienia na pewno zawierają we Francji mniej dodatków, konserwantów, barwników i nowości chemicznych niż w Stanach. Na pewno też zdrowiej jeść człowiekowi siedzącemu przy stole niż pochylonemu nad biurkiem, stojącemu przy ladzie albo prowadzącemu samochód. I na pewno, gdziekolwiek się je, pośpiech bardziej zagraża układowi trawiennemu niż pasztet z gęsich wątróbek. Niedawno w niektórych nowojorskich restauracjach zapanowała moda na gwarantowany trzydziestominutowy lunch, który zapracowanemu i ważnemu dyrektorowi pozwalał ugościć nim w ciągu godziny dwie różne ofiary. Jeśli nie jest to przepis na napięcie i niestrawność, połknę mój telefon komórkowy.

W Prowansji rzeczywiście nie czci się czasu tak jak w tych częściach świata, gdzie panuje większa gorączkowość, toteż i ja, godząc się z tym, co nieuniknione, odłożyłem zegarek do szuflady, choć dopiero po upływie jednego czy dwóch tygodni. Ludzie jednak, mimo iż nie przywiązują wielkiej wagi do czasu w rozumieniu punktualności, potrafią się rozkoszować chwilą obecną. Oczywiście jedzeniem. Rozmową na rogu ulicy. Grą w bule. Wybieraniem bukietu. Przesiadywaniem w kawiarni. Nikt nie odmawia sobie drobnych przyjemności i nikt się nie śpieszy – co bywa irytujące, często zachwycające, a w końcu zaraźliwe. Zdałem sobie z tego sprawę, kiedy pojechałem do miasta, aby załatwić coś, na co potrzeba było tylko kwadransa, a wróciłem dwie i pół godziny później. Nie zrobiłem absolutnie nic ważnego, ale cały ten czas przyjemnie spędziłem.

Może zwolnionym tempem życia należy częściowo tłumaczyć inny rys charakteru Francuzów, mianowicie pogodę ducha. Nie słyną oni z dobrego humoru; raczej przeciwnie. Liczni cudzoziemcy skłonni są oceniać usposobienie całego narodu na podstawie pierwszego upokarzającego kontaktu z paryskim kelnerem, bo nie wiedzą, że jest on równie ponury i pełen rezerwy w stosunku do swoich rodaków – a przypuszczalnie do własnej żony i kota – jak do turysty. Wystarczy natomiast pojechać na południe, aby dostrzec wyraźną różnicę. Panuje tu nastrój pogody mimo sporych trudności społecznych, dużego bezrobocia i finansowej gilotyny francuskiego podatku dochodowego.

Jedynym rozwiązaniem tych problemów było pozostawienie ich za sobą, toteż obecnie gazety rozpisują się o młodych francuskich biznesmenach, którzy wyjechali z Paryża, aby wykorzystać *le boom* w Anglii. Ale jeśli takie ambicje żywią mieszkańcy Prowansji, nie rzuca się to w oczy. Wszyscy zgodnie przyznają, że czasy mogłyby być lepsze; wszyscy mają nadzieję, że będą. A chwilowo znajdują oparcie w filozofii wzruszania ramionami.

Nie jest to zła filozofia również dla przyjezdnego, bo tutaj życie zawsze obfituje w ciekawostki i często objawia się narodowy talent do komplikowania. Gdzieś może i działa jakaś szalona logika, lecz niejednokrotnie trudno się jej dopatrzyć. Choćby w sprawie wioskowego śmietnika. To ze wszech miar godne podziwu urządzenie, dyskretnie ukryte, raz po raz opróżniane, zgodnie z projektem zdolne jest pomieścić odpadki wszelkiego typu i rozmiaru, byle mniejsze od ciężarówki. Nad pojemnikami, w widocznym miejscu, wisi urzędowe zawiadomienie, którego treść da się przetłumaczyć następująco: „Duże przedmioty należy wyrzucać dwa dni po ostatniej środzie każdego miesiąca".

Pewnego ranka stałem i przyglądałem się temu przez dłuższą chwilę, początkowo przekonany, że coś źle odczytałem albo że znów zawodzi mnie znajomość francuskiego. Ale nie. Tak było napisane. Dwa dni po ostatniej środzie każdego miesiąca. Dlaczego nie po ostatnim piątku każdego miesiąca? Czy realizuje się jakiś plan – niewątpliwie kolejną bzdurę wymyśloną przez biurokratów z Brukseli – który zmierza do zmiany nazwy piątku na coś bardziej dynamicznego i podniecającego z punktu widzenia polityki? Może na eurodzień. Zastanawiałem się właśnie, czy nie jest to miła niespodzianka, przygotowywana na rok 2000, kiedy nadjechała mała furgonetka. Kierowca wysiadł, przeczytał ogłoszenie. Spojrzał na mnie. Ja na niego. Znów popatrzył na tablicę, pokręcił głową i wzruszył ramionami.

Wkrótce potem tablicę zdjęto. Podobno wszyscy nadal wyrzucali stare lodówki, rowery i telewizory, kiedy im przyszła ochota, nie zważając na instrukcję. Zamiłowaniu Francuzów do ogłoszeń dorównuje tylko przyjemność, z jaką je ignorują.

To, w połączeniu z inną cechą narodową, czyli trzymaniem pieniędzy tam, gdzie władza nie może położyć na nich łapy, pozwala zrozumieć trudności z parkowaniem. W każdym mieście prowansalskim wydzielono obecnie tereny, gdzie wolno zostawić samochód, nie tarasując ulicy. Miejsca te łatwo znaleźć, bo są wyraźnie oznakowane, lecz prawie nikt z nich nie korzysta. Na ulicach natomiast mnóstwo samochodów zaparkowanych jest z fantazją i lekceważeniem przepisów. Z reguły ustawia się je dwoma kołami na chodniku, w odległości zaledwie sześciu cali jeden od drugiego. Kiedy ruch się nasila, ponoszą nerwy, skrzeczą klaksony i wybuchają sprzeczki, kierowcy dokonują cudów jazdy wyczynowej. A dlaczego? Bo pracownicy wyznaczonego parkingu z bezczelnością i nieskrywaną zachłannością żądają pięciu franków za godzinę.

Ale – jak mnie zapewnia moja przyjaciółka Martine, która z reguły parkuje tam, gdzie nikt inny nie ośmiela się tego robić – to nie tylko kwestia pieniędzy. Chodzi o zasadę. *Le parking payant* jest zniewagą dla francuskiego etosu i należy mu się przeciwstawiać, nawet za cenę półgodzinnego krążenia po mieście w poszukiwaniu wolnego miejsca. Zresztą czas nie kosztuje. Pominąwszy względy moralne i finansowe, ogromną satysfakcję sprawia również znalezienie naprawdę wyjątkowego miejsca. Raz widziałem, jak mężczyzna wprowadza na wstecznym biegu małego peugeota do butiku, wyburzonego przed remontem. Odchodząc, kierowca obejrzał się na samochód, zręcznie wciśnięty w przyszłą wystawę, i skinął mu głową w tym momencie zespolenia człowieka z maszyną. Zupełnie, jakby razem odnieśli walne zwycięstwo.

Dla mnie chwile, tworzące tkankę codziennego życia, określają charakter Prowansji w takim samym stopniu, jak historia czy krajobraz. I gdybym miał wybrać jeden przykład tego, czego najbardziej brakowało mi w Ameryce, byłby to targ wiejski; nic nadzwyczajnego, po prostu zwykła zbieranina straganów, rozstawianych co tydzień w każdym mieście, od Apt do Vaison-la-Romaine.

Te targi natychmiast nęcą wzrok rozbłyskami kwiatów i warzyw w jaskrawych kolorach, ręcznie wypisanymi cenami, stoiskami ukrytymi w cieniu starych platanów albo przylepionymi do jeszcze starszych kamiennych murków. Stragany mogłyby zostać artystycznie ustawione do fotografii pocztówkowej albo przygotowane na pełnię sezonu, a rozebrane i zapomniane pod koniec lata. Ale są tam zarówno w styczniu, jak w sierpniu, bo ich właściciele zarabiają na chleb, zaopatrując miejscową ludność. Turysta to tylko odrobina dżemu. Mile widziana, lecz nieistotna.

Sprzedawcy i klienci się znają, więc zakupy załatwiane są powoli i w towarzyskiej atmosferze. Stary Jean-Claude budzi nowiutkim uśmiechem wielki podziw, gdy wybiera ser, wywołuje też dyskusję na temat konsystencji sera, najwłaściwszej dla jego świeżo wstawionych zębów. *Brie* zanadto by się kleił. *Mimolette* byłby za twardy. Może najlepszy byłby *beaufort*, zanim protezy się dopasują. Madame Dalmasso ma poważne zastrzeżenia co do pomidorów. O tej porze roku nie mogą być miejscowe. Skąd pochodzą? Dlaczego na etykietce nie napisano, skąd są sprowadzone? Po krótkim badaniu – naciśnięciu ich, powąchaniu, ściągnięciu ust – kupująca postanawia zaryzykować i wziąć pół kilo na próbę. Brodacz wędruje z powrotem do swego straganu, z kieliszkiem *rosé* w jednej ręce, z niemowlęcą butelką w drugiej. Butelka jest dla młodego *sanglier*, którego adoptował, maleńkiego warchlaka, krzywiącego ryjek na zapach mleka. Kwiaciarka, po wydaniu reszty mojej żonie, nurkuje pod ladą, skąd wyłania się z dwoma świeżutkimi jajkami i wkłada je do ładnej tutki z papieru gazetowego. Po drugiej stronie placu ludzie zajmują stoliki przed kawiarnią. Syk i brzęk ekspresu nie zagłusza w Radiu Monte Carlo entuzjastycznej zapowiedzi gonitw na najbliższy tydzień. Skąd oni biorą ludzi, zdolnych mówić bez zaczerpnięcia tchu? Czterech starych mężczyzn siedzi rzędem na kamiennym murku; czekają na zakończenie targu i uprzątnięcie placu, bo chcą zagrać w bule. Obok nich na murku przycupnął pies. Wystarczy mu włożyć płaską czapkę, a będzie podobny do mężczyzn, cierpliwy i pomarszczony.

Właściciele straganów zaczynają pakować towary, a uczucie wyczekiwania staje się nieomal namacalne. Zanosi się na lunch, jest zaś na tyle ciepło, aby jeść na dworze.

Nasz pobyt po drugiej stronie Atlantyku pociągnął za sobą dwa niezasłużone skutki. Po pierwsze, uchodzimy za speców od wszystkiego, co amerykańskie, i ludzie wciąż nas pytają o wydarzenia w Waszyngtonie i w Hollywood (teraz prawie jednym i tym samym miejscu), jakbyśmy osobiście znali polityków i gwiazdy filmowe. Po drugie, w jakiejś mierze ponosimy rzekomo odpowiedzialność za upowszechnianie amerykańskich obyczajów plemiennych, więc często przypiera nas do ściany oskarżycielski palec monsieur Farigoule.

Farigoule, samozwańczy strażnik francuskiej kultury i czystości języka, potrafi pienić się ze złości na wszystko, od *le fast-food* do *les casquettes de baseball*, które zaczęły się pojawiać na gołych dotychczas głowach Francuzów. Tego akurat jesiennego dnia miał jednak na myśli o wiele poważniejszą sprawę, kiedy zaś zeskoczył z barowego stołka, aby mnie zapędzić w kąt, był wyraźnie przejęty.

– *C'est un scandale.* – Po tej wstępnej uwadze popłynął strumień krytycznych komentarzy, dotyczących zgubnego wpływu, jaki rzeczy importowane zza oceanu wywierają na tkankę życia francuskiej wsi.

Kiedy Farigoule'a, bardzo drobnego, prawie miniaturowego mężczyznę, coś podrażni, podskakuje na palcach dla zaakcentowania swych słów i przypomina oburzoną piłeczkę. Gdyby był psem, byłby terierem. Zapytałem, co go zdenerwowało, i stwierdziłem, że głowa lata mi w górę i w dół, w rytm jego podskoków.

– *Alowine* – odparł. – Czyż tego nam potrzeba? Krajowi, w którym przyszli na świat Voltaire, Racine i Molière, krajowi, który dał Amerykanom Luizjanę. A co oni dają nam w zamian? *Alowine.*

Nie miałem pojęcia, o czym mówi, ale ton jego głosu i mocno zaciśnięte, wykrzywione wargi wskazywały, że wydarzyło się coś strasznego, katastrofa porównywalna z ponownym pojawieniem się filoksery w winnicach albo z powstaniem Euro Disney pod Paryżem.

– Chyba nic nie widziałem – powiedziałem niepewnie.

– Jak pan mógł nie widzieć? Są wszędzie – *les potirons mutilés* – w Apt, w Cavaillon, wszędzie.

Okaleczone dynie mogły oznaczać tylko jedno. Jak Mickey Mouse i keczup pomidorowy, Halloween zawitał do Francji, stał się kolejnym gwoździem do trumny kultury.

Przeprosiłem i pojechałem do Apt, aby się przekonać na własne oczy. Swoim zwyczajem Farigoule przesadził, lecz w witrynach paru sklepów rzeczywiście wystawiono zaduszkowe dekoracje, co w Prowansji zobaczyłem po raz pierwszy. Zastanawiałem się, czy jej mieszkańców oficjalnie powiadomiono o nowym dodatku do kalendarza świąt i czy wiedzą, co w związku z tym robić. Przypadkowi przechodnie, pytani o to na ulicach Apt, okazywali tylko zaskoczenie. Dynie oznaczały zupę.

Kto wpadł na pomysł przeniesienia wigilii Wszystkich Świętych do Prowansji? I czy ktoś ostrzeże gromady dzieciaków, którym wolno będzie wieczorem wędrować od farmy do farmy i prosić o łakocie? Na pewno pogryzą je psy. Szczęściem dzień ten minął, a lokalne gazety nie doniosły o rozlewie krwi. Przynajmniej w tym roku brakowało chętnych do zabawy.

Zresztą we Francji pielęgnuje się aż za dużo miejscowych tradycji, które z upływem miesięcy odkrywaliśmy na nowo. Maj zaczyna się od urzędowego święta, potem obchodzimy kilka następnych i w ten sposób przygotowujemy się na sierpień, kiedy cały kraj jest *en vacances.* Ustawicznemu festiwalowi biurokracji towarzyszy zamieć papierkowa. Każdy święty ma swój dzień w kalendarzu, każda wieś swoje doroczne *fête.* A co tydzień, zgodnie z powszechnym żądaniem, przypada święto zwykłego człowieka, inaczej zwane niedzielnym lunchem.

Niedziela zalicza się do osobnej kategorii, w tym dniu człowiek czuje się inaczej, nawet jeśli nie spędził tygodnia w biurze. Zmieniają się odgłosy. W dni powszednie śpiew ptaków i warkot traktorów; szczekanie psów gończych i huk dalekich wystrzałów w niedzielne poranki, gdy prowansalski myśliwy chętnie korzysta z przysługującego mu prawa i broni okolicy przed inwazją wrogich królików i drozdów.

W tym roku musi podjąć poważniejsze niż kiedykolwiek wyzwanie, jakim są mutujące *sangliers*. Chyba nikt nie zna przyczyny tak dramatycznego tempa wzrostu populacji dzików. Według najnowszej teorii dziki – które normalnie mają w ciągu roku jeden mały miot – kryły swoją płodniejszą kuzynkę, domową świnię, i teraz ich potomstwo zagraża naszym winnicom i sadom. Wszędzie zostawia wizytówki: zbuchtowaną w poszukiwaniu żeru ziemię, stratowane ogrody warzywne, uszkodzone kamienne murki.

Pewnej niedzieli otoczono teren wokół naszego domu, bo myśliwi mieli tam urządzić nagonkę na dziki. Wzdłuż gruntowej drogi rozstawili swoje furgonetki w krzakach, maskami do przodu. Postacie w barwach ochronnych – uzbrojone, nieruchome, groźne – czekały, gdy tymczasem psy zataczały koła i wracały, pobrzękując dzwoneczkami na obrożach i szczekając głosami ochrypłymi z podniecenia. Ja szedłem z takim uczuciem, jakby to była obława na człowieka albo wojna.

Pierwszą ofiarę zobaczyłem, zbliżywszy się do domu. W moją stronę zmierzał myśliwy, a że słońce świeciło mu za plecami, widziałem w oddali tylko jego sylwetkę. Lufa strzelby sterczała krzywo nad ramieniem mężczyzny, który w rękach niósł coś dużego, dyndającego nogami po obu jego bokach.

Kiedy dotarł do mnie i przystanął, okazało się, że dźwiga czarno-brązowego psa; ten ponurym spojrzeniem obrzucił nasze psy, a jego pan z równie żałobną miną powiedział mi dzień dobry. Zainteresowałem się zdrowiem psa. Czy zaatakował go i pogryzł w krzakach wyrośnięty warchlak, osaczony *sanglier*, osłaniający swój skrawek ziemi?

– *Ah, le pauvre* – odrzekł myśliwy. – Całe lato spędził w budzie i ma miękkie łapy. Dziś się zanadto nabiegał. Bolą go nogi.

O jedenastej trzydzieści droga znów opustoszała. Armia odstąpiła, aby się przegrupować, zmienić mundury i broń. Miejsce mundurów roboczych i dubeltówek zajęły czyste koszule, noże i widelce, co było przygotowaniem do ataku na stół.

Niezależnie od pory roku, niedzielny lunch to mój ulubiony posiłek. Poranka nie zakłóca praca, popołudniowa sjesta nie wywołuje uczucia winy. Mam wrażenie, że w restauracjach panuje pogodniejsza niż zwykle, odświętna atmosfera. Szefowie kuchni na pewno bardziej się starają, świadomi, że klienci nie przyszli rozmawiać o interesach, tylko delektować się jedzeniem. To nie ulega wątpliwości. Potrawy lepiej smakują w niedzielę.

O dwadzieścia minut jazdy od domu znajduje się kilkanaście dobrych restauracji; ponieważ jest ich tyle, możemy wybrać najlepiej dostosowaną do pogody. W Mas Tourteron, z przestronnym, cienistym dziedzińcem i różnorodnością słomkowych kapeluszy, zapewniających chłód głowom, jada się prawie jak w niebie przy temperaturze dziewięćdziesięciu stopni. W zimie jest Auberge de l'Aiguebrun – kominek, wysoka, jasna sala z białymi firankami i widokiem na prywatną dolinę.

Obie tym się różnią od większości lokalnych restauracji, a właściwie od większości innych francuskich restauracji, że gotują w nich kobiety. Zgodnie z tradycyjnym podziałem pracy, mężczyzna zawsze zajmował miejsce przy kuchni, madame przy kasie. Choć teraz czasy zaczynają się zmieniać, do tej pory żadna szefowa kuchni nie zyskała takiego rozgłosu jak Alain Ducasse, któremu gwiazdek Michelina wystarczyłoby do udekorowania drzewa. W tym kraju więcej kobiet zajmuje się medycyną, polityką i prawem niż gotowaniem w restauracyjnych kuchniach. Uważam to za dziwne i jestem ciekaw, czy w jakiś sposób nie wiąże się z szowinizmem.

Jedyny człowiek, zdolny udzielić prowokacyjnej odpowiedzi na pytanie o tak delikatną kwestię społeczną, to Régis, wybitny – a chyba reprezentujący Francję – znawca zarówno gastronomii, jak szowinizmu, który chętnie się dzieli swoimi poglądami. Nie zdziwiły mnie jego zdecydowane zapatrywania, jeśli idzie o szefowe kuchni, kiedy zaś spytałem, dlaczego nie ma ich więcej, palnął w odpowiedzi:

– Musisz zrozumieć, że we Francji niektóre rzeczy uchodzą za zbyt ważne, aby je powierzać kobietom.

Lekarki, prawniczki i panie minister wydawały się Régisowi czymś osobliwym, lecz możliwym do zaakceptowania. Szefowe kuchni (i kelnerki podające trunki) budziły w nim podejrzenia i niepokój. Były w jakiś sposób sprzeczne z naturalnym porządkiem. Zawodowe gotowanie to zajęcie dla mężczyzny.

Pożałował swoich słów pewnej zimowej niedzieli podczas lunchu w Auberge de l'Aiguebrun. Zaczął ostrożnie od zapiekanego karczocha, po czym bez żadnej widocznej trudności przeszedł do duszonego jagnięcia, kopczyka różnych serów i ciemnego plastra zawiesistej czekolady w kałuży *crème anglaise* – a wszystko to przyrządziła kobieta.

Po wyjściu z restauracji czekałem, aż przyzna, że mógł się mylić. Na próżno. Dopasował jedynie swój szowinizm do potrzeb chwili.

– Tylko we Francji – powiedział – można znaleźć taką kuchnię na podobnym pustkowiu. – Machnięciem ręki wskazał góry i słońce, zalewające dolinę. – Dobrze jest wrócić, prawda?

Tak, dobrze jest wrócić.

Niewyjaśnione zabójstwo przystojnego rzeźnika

Zawarcie znajomości z Mariusem było prawie jak śmierć od pierwszego wejrzenia. W oddali dostrzegłem wysoką postać, z rękami w kieszeniach wędrującą do wsi środkiem drogi. Mężczyzna usłyszał warkot silnika i obejrzał się, wiedział zatem, że nadjeżdżam. Ale po paru niepokojących doświadczeniach na tym właśnie odcinku drogi nauczyłem się nie ufać nieprzewidzianym ruchom pieszych, rowerzystów, traktorzystów, psów i spłoszonych kur, więc zwolniłem. Szczęściem dla nas obu, miałem nogę na hamulcu, gdy wyskoczył przed maskę, z ramionami rozpostartymi, jakby ją chciał objąć. Zatrzymałem się w odległości mniej więcej osiemnastu cali od niego.

Kiwnął mi głową, zanim podszedł do drzwiczek po prawej stronie i wsiadł do samochodu.

– *Bieng* – odezwał się w znajomym południowym dialekcie. – Jedzie pan do wsi. Mój motorower jest w naprawie.

Poprosił o podwiezienie do kawiarni. Na miejscu nie kwapił się jednak do opuszczenia samochodu, bo najwyraźniej zafascynowały go różnej wielkości monety, leżące w zagłębieniu przy dźwigni zmiany biegów, naszykowane jako pożywka dla parkometrów.

– Nie miałby pan dziesięciu franków, co? Na telefon?

Wskazałem na tackę. Starannie przesiał bilon, wybrał dziesięciofrankówkę, obdarzył mnie promiennym uśmiechem i zniknął w kawiarni, bez choćby zdawkowego zerknięcia na automat telefoniczny, który musiał minąć po drodze.

W ciągu następnych paru tygodni ustaliła się pewna reguła. Marius pojawiał się na horyzoncie, patrolował drogę lub wędrował przez wieś, rozpościerał ramiona i żądał podwiezienia. Jego motorower nadal był w naprawie, a on znowu musiał zadzwonić. Po jakimś czasie zrezygnowaliśmy z nużących formalności. Najzwyczajniej zostawiałem dwie monety dziesięciofrankowe na tacce przy dźwigni zmiany biegów; Marius chował je do kieszeni. Taki układ, przejrzysty i cywilizowany, obu nam odpowiadał, bo żaden z nas nie lubił mówić o pieniądzach.

Dopiero po upływie dwóch czy trzech miesięcy nasze wzajemne stosunki wzniosły się ponad finansową przyziemność i nabrały jakby towarzyskiego wymiaru. Pewnego ranka poszedłem na pocztę, gdzie Marius, pochłonięty pertraktacjami na temat świstka papieru, popychał go po ladzie w stronę madame. Ona nie przestawała kręcić głową i odsuwać kartki z powrotem. Towarzyszyło temu wzruszanie ramionami, a od czasu do czasu wymiana tych dosłyszalnych prychnięć – wypuszczania powietrza przez pogardliwie odęte wargi – którymi Francuzi lubią wyrażać dezaprobatę lub odmienność poglądów. Później zapadła cisza. Najwyraźniej negocjacje utknęły w martwym punkcie.

Madame wykorzystała moje przybycie, aby zakończyć dysputę, i powitała mnie, wychyliwszy się zza Mariusa. Ten odwrócił głowę, rozchmurzył się i uśmiechnął na mój widok, po czym walnął mnie w plecy.

– Zaczekam na pana na dworze – powiedział.

Zgodnie z jego wyjaśnieniami, trudność polegała na tym, że madame, którą oskarżał o brak wyobraźni, zgorzkniałość i nieżyczliwość, odmówiła zrealizowania czeku na pięćset franków – ważnego przekazu pieniężnego, oświadczył, unosząc go, abym mógł to sprawdzić.

Podany mi papierek smętnie załopotał na wietrze. Przypuszczam, że czek mógł kiedyś odpowiadać wymogom bankowym, ale teraz był zmiętoszony i brudny, a wyblakłych słów i cyfr prawie nie dało się odczytać. Rozstanie się z pieniędzmi w zamian za tak sfatygowany i nieprzekonujący zabytek stanowiłoby dowód niezwykłej naiwności. Zresztą, jak poinformowałem Mariusa, nie miałem przy sobie pięciuset franków.

– *Tant pis* – powiedział. – Wobec tego może mi pan postawić drinka.

Nie potrafię się oprzeć tego rodzaju miłej bezczelności, może dlatego, że mnie jej brakuje, więc dwie minuty później siedzieliśmy już z Mariusem przy stoliku w głębi kawiarni. Miejscem wszystkich naszych dotychczasowych spotkań był samochód, w którym musiałem patrzeć na drogę; obecnie po raz pierwszy miałem okazję przyjrzeć się Mariusowi z bliska.

Jego twarz nosiła ślady zbyt częstego przebywania na świeżym powietrzu, co fatalnie odbija się na cerze: przypominała obdarte ze skóry mięso, pobrużdżona tam, gdzie inni mieliby zmarszczki, pomarszczona tam, gdzie inni cerę mieliby gładką. Ale oczy mu lśniły, głowę porastała gęsta czupryna, przycięta *en brosse*, zjeżona i siwa. Mógł mieć około sześćdziesiątki. Z kieszeni wojskowej kurtki wyjął duże pudełko kuchennych zapałek i zapalił papierosa. Zauważyłem, że u lewej ręki brak mu pierwszego członu palca wskazującego; stracił go pewnie, kiedy pneumatyczny sekator ześliznął się podczas przycinania winorośli.

Pierwszy łyk czerwonego wina spłynął do żołądka, o czym świadczył lekki dreszcz zadowolenia, a następnie Marius zaczął mnie wypytywać. Mówię po francusku jak Niemiec, oświadczył. Zdziwił się, kiedy mu powiedziałem, że jestem Anglikiem, bo jak wiadomo, Anglik za granicą woli nie wychodzić poza ramy własnego języka i tylko podnosi głos, aby zagłuszyć wszelkie nieporozumienia z tubylcami. Marius przyłożył dłonie do uszu i uśmiechnął się, a siatka zmarszczek pokryła mu twarz.

Ale co Anglik robi tutaj zimą? Czym się zajmuję? Często zadawano mi to pytanie, odpowiedź zaś nieodmiennie wywoływała dwojaką reakcję. Albo litość, skoro wiadomo, że pisanie to praca niepewna, albo zainteresowanie, czasami nawet z domieszką szacunku, jakim Francuzi nie przestają darzyć każdego, kto para się sztuką. Marius należał do tej drugiej kategorii.

– Ach – rzekł – *un homme de lettres.* Lecz najwyraźniej nie biedny. – Postukał w pusty kieliszek.

Pojawiły się dalsze trunki, a indagacja nie ustawała. Kiedy wyjaśniłem, o czym lubię pisać, Marius pochylił się do przodu, zmrużył oczy, chroniąc je przed dymem z papierosa, i zrobił taką minę, jakby miał do przekazania poufne informacje.

– Urodziłem się tutaj. – Machnięciem ręki wskazał ogólny kierunek miejsca swych narodzin, znajdującego się gdzieś poza kawiarnią. – Mógłbym panu opowiedzieć różne historie. Ale kiedy indziej, nie teraz.

Czas miał już zarezerwowany. Okazało się, że tego dnia kogoś we wsi chowają, on zaś nigdy nie opuszczał pogrzebów. Lubił odmierzony rytm mszy żałobnej, powagę, muzykę, widok kobiet w kondukcie, wystrojonych i na wysokich obcasach. A jeśli ceremonię odprawiano w związku ze śmiercią jego dawnego wroga, tym bardziej mu się podobała. Nazywał ją ostatecznym zwycięstwem, dowodem własnej niezwykłej umiejętności przetrwania. Wyciągnąwszy rękę, chwycił mnie za przegub i spojrzał na zegarek. Pora iść. Opowieści będą musiały zaczekać.

Byłem rozczarowany. Dobrego prowansalskiego gawędziarza słucha się jak mistrza słownego haftu, księcia brzemiennej pauzy, zdumionej miny, homerycznego śmiechu. Wydobywa on dramatyzm z najbardziej przyziemnych zdarzeń – z wyprawy do warsztatu samochodowego, z patroszenia kurczaka, z odkrycia gniazda os pod dachem. W ustach odpowiedniej osoby te błahe incydenty mogą nabrać dramatycznej doniosłości, która pasowałaby raczej do Comédie Française niż do wiejskiego baru. Mnie one zawsze fascynują.

Następnym razem, kiedy go zobaczyłem, Marius, przykucnięty na poboczu przy swoim motorowerze, zaglądał do baku i z przekrzywioną głową nasłuchiwał, jakby w nadziei, że ten szepnie mu coś do ucha. Suchy jak skała w lipcu, poinformował mnie, sadowiąc się w samochodzie. Ale mógłbym go podwieźć na stację benzynową, gdzie kupi bidon paliwa, non? Potem mógłbym postawić mu drinka, bo ranek miał irytujący. Jak zwykle, Marius z ufnością zakładał, że moje własne pilne interesy nie staną na przeszkodzie pełnieniu w nagłych wypadkach obowiązków jego szofera.

Przy stoliku w kawiarni zapytałem, czy dobrze się bawił na ostatnim pogrzebie.

– *Pas mal* – odparł. – To był stary Fernand. – Postukał się po nosie. – Wie pan? Podobno jeden z pięciu mężów. Musiał pan słyszeć tę historię.

Kiedy pokręciłem głową, obrócił się, aby poprosić o karafkę wina. I zaczął. Od czasu do czasu spoglądał na mnie, jakby chciał podkreślić wagę swych słów albo się upewnić, czy rozumiem, na ogół jednak wpatrywał się w dal, szukał w pamięci.

Z niewiadomego powodu, mówił, między rzeźnikami a kobietami często występuje to pokrewieństwo, więź, która wykracza poza prostą sprawę kupna i sprzedaży mięsa. Czym ją tłumaczyć? Może widokiem takiej ilości mięsa, jego różowością, plaśnięciem, z jakim pada na pieniek, zapowiedzią doborowego kawałka. Niezależnie od przyczyny, nie jest rzeczą niezwykłą swoista zażyłość, rodząca się między rzeźnikiem a jego klientką. Jeśli zaś rzeźnik jest młody i przystojny, często dodatkową przyjemność sprawia flircik nad kotletami z jagnięcia. Zazwyczaj na tym się kończy, na nieszkodliwej chwilce, na czymś, co zapala iskierkę w oku kobiety, zajętej codzienną krzątaniną.

Zazwyczaj, lecz nie zawsze. I nie w przypadku rzeźnika, którego nazwiemy Arnaud. W momencie, kiedy się to działo, przed wieloma laty, przybył on właśnie do wsi i przejął interes od starego, ponurego, nigdy nie uśmiechniętego, skąpiącego na mięsie mężczyzny, ten bowiem przeszedł na emeryturę. Miejscowe panie nigdy się nie śpieszyły z wypowiadaniem opinii, lecz stopniowo zaczęły wychwalać Arnaud, w miarę jak wieści o tym, co robi, podawano sobie z ust do ust przez *téléphone arabe*. Przeobraził sklepik mięsny – odmalował go, wymienił stare instalacje, zrobił nowoczesne oświetlenie – a gdy skończył, miło było tam wchodzić, bo klientkę witał błysk stali i szkła, czysty zapach świeżych trocin na podłodze i uśmiech młodego właściciela.

On też okazał się wyraźną zmianą na lepsze, ze swymi lśniącymi czarnymi włosami i brązowymi oczami. Spośród większości mężczyzn w tamtych czasach wyróżniał się jednak zębami. Nieliczni wiejscy dentyści mieszkali wtedy daleko jeden od drugiego, a ich umiejętności ograniczały się raczej do ekstrakcji niż do leczenia. W rezultacie dorośli byli na ogół szczerbaci, jeśli zaś mieli zęby, to często w opłakanym stanie – krzywe, brudne, z plamami od wina i tytoniu. Zęby Arnaud natomiast zaskakiwały swą doskonałością: białe, równe i w komplecie. Kobiety, które widziały go po raz pierwszy, odchodziły oszołomione i zadawały sobie pytanie, dlaczego taki *beau garçon* jest chyba nieżonaty.

Arnaud zdawał sobie sprawę z wrażenia, jakie wywiera na klientkach. (Później, w trakcie śledztwa, wyszło na jaw, że poprzednie miejsce pracy w innej wsi musiał opuścić na skutek pewnych komplikacji z żoną mera). Był jednak kupcem, jeśli zaś ruch w interesie zależy od uśmiechu, on będzie się do klientek uśmiechać. *C'est normal.*

Należy też powiedzieć, że był dobrym rzeźnikiem. Mięso zawsze miał dobrze powieszone i kruche, kaszanki i *andouillettes* pulchne i dobrze nabite, pasztety gęste i tłuste. Kawałki mięsa odkrawał szczodrze, często o parę gramów więcej, niż go proszono; nigdy mniej. Dawał nawet darmo kości szpikowe. Dawał darmo! Ilekroć wręczał paczki, schludnie owinięte różowym pergaminem, z wydrukowanym swoim nazwiskiem i obrazkiem jowialnej krowy, robił to promiennie uśmiechnięty.

Przez całą pierwszą zimę i wiosnę rosła jego popularność. Mieszkańcy wsi stwierdzali, że jedzą więcej mięsa, a do tego jest ono lepsze niż za czasów starego rzeźnika. Kiedy robili takie uwagi, ich żony kiwały głowami. Tak, mówiły, ten nowy to zmiana na korzyść. Wieś ma szczęście, że tu przyjechał. Niejednej żonie, patrzącej nad stołem na męża, mimo woli nasuwało się porównanie i do głowy przychodziła myśl o młodym Arnaud, całkiem nie związana z jego zawodowymi umiejętnościami. Te bary! I te zęby!

Kłopoty zaczęły się pod koniec czerwca, z nastaniem prawdziwych upałów. Wieś leżała na wzgórzu, a kamienne zabudowania, frontem zwrócone na południe, jakby wsysały słońce i przechowywały przez całą noc. W domach prywatnych przed blaskiem i stale rosnącą temperaturą chroniły okiennice, lecz placówki handlowe nie miały szczęścia z nich korzystać. Witryny przyciągały i potęgowały spiekotę. Arnaud musiał więc dostosować metody pracy do klimatu. Usunął z wystawy wszystko, co mogłoby się zepsuć, a zamiast zwykłej dekoracji z kiełbas i kawałków mięsa wywiesił informację, że mięso przechowuje w chłodnym pomieszczeniu na zapleczu.

Naturalnie sam rzeźnik, aby lepiej znosić upały, przebrał się z początkiem lipca w strój praktyczniejszy od noszonych zazwyczaj płóciennych spodni i bawełnianego swetra. Nadal chodził w *tablier*, długim białym (choć często zakrwawionym) fartuchu, który zakrywał mu prawie całą pierś i opadał do goleni. Pod to wkładał jednak tylko stare czarne szorty rowerzysty, opięte na biodrach i pośladkach, i trepy na gumowej podeszwie.

Ruch w interesie, już duży, jeszcze się zwiększył. Raptownie wzrósł popyt na to, co wisiało na hakach za ladą, bo Arnaud, sięgając po towar, musiał się odwrócić i wspiąć na palce, a klientce pokazać umięśnione plecy i nogi. Dużą popularność zyskały też wyprawy w chłodne rejony, gdzie rzeźnik przechowywał resztę mięsa, wymagały bowiem zbliżenia do atrakcyjnego i niemal nagiego młodego mężczyzny.

Klientki również zmieniły swój wygląd. Codzienne sukienki zastąpiły letnimi i były bardziej wyszykowane, umalowane, nawet wyperfumowane. Miejscowy fryzjer miał ręce pełne roboty, przybyszom zaś można by wybaczyć, gdyby pomyśleli, że spotykane w wąskich uliczkach kobiety wystroiły się na jakąś uroczystość.

A mężowie – cóż, ci, którzy dostrzegli różnicę, przypisywali ją pogodzie. Zresztą żony dobrze się do nich odnosiły, okazywały im szczególną troskliwość, często płynącą z poczucia winy, i karmiły niczym zawodowych pięściarzy w okresie treningu. Mężowie nie narzekali.

W lipcu nadal było gorąco jak w piecu, jeden bezdeszczowy, upalny dzień następował po drugim. Psy i koty tolerowały się nawzajem, dzieliły się plamami cienia, zbyt otępiałe, aby sobie skakać do oczu. Na polach dojrzewały najsłodsze od lat melony, winogrona były ciepłe w dotyku. Rozłożona na wzgórzu wieś dusiła się w kokonie nagrzanego, nieruchomego powietrza.

Rzeźnik, choć miał duże obroty, przeżywał trudny okres. Stwierdzał, że nawiązywanie przyjaźni w małej, zamkniętej społeczności jest procesem powolnym, nacechowanym rozwagą. Przybysza – nawet z miejscowości oddalonej o zaledwie trzydzieści kilometrów – sąsiedzi traktują z ostrożną uprzejmością na ulicy, ale nie zapraszają do domów. Poddają go próbie, często przez kilka lat. Jest obcy; Arnaud był obcy i samotny.

Problemy miał tym większe, że prowadzenie sklepu nie pozostawiało mu wiele czasu na wyprawy do Awinionu, gdzie światła płonęły jaśniej, a okazje towarzyskie były bardziej obiecujące. Dzień pracy zaczynał niedługo po wschodzie słońca, kiedy to z ciasnego mieszkanka nad sklepem schodził na dół, aby zmyć podłogę, posypać ją świeżymi trocinami, wyrzucić martwe muchy z witryny, ułożyć pokrojone kawałki mięsa, naostrzyć noże i łyknąć kawy, zanim tuż przed ósmą zjawią się starsze klientki, które zawsze przychodzą pierwsze. Między dwunastą a drugą reszta świata odpoczywała, on natomiast często wyruszał po towar. Hurtownicy nie chcieli dostarczać go do wsi, bo wąskimi uliczkami nie mogły się przecisnąć ciężarówki. Popołudnia płynęły wolno, największy ruch panował pod wieczór. Arnaud rzadko mógł zamknąć przed siódmą, a ledwie to zrobił, zalewała go szara fala papierków: rachunki z całego dnia, faktury dostawców, urzędowe formularze z żądaniem potwierdzenia, że ściśle przestrzega *code sanitaire*, napomnienia z Crédit Agricole w związku z pożyczką bankową. Było to ciężkie brzemię dla samotnego mężczyzny. Arnaud nieraz sobie powtarzał, że potrzebuje żony.

Miał jedną w początkach sierpnia, niestety nie własną.

Była młodsza od większości jego klientek i o dobrych piętnaście lat młodsza od męża. Została jeśli nie dosłownie za niego wydana, to energicznie nakłoniona do małżeństwa przez obie pary rodziców, których winnice leżały na sąsiadujących ze sobą stokach poniżej wsi. Cóż mogłoby być korzystniejsze niż związek krwi i ziemi, rodzin i gruntów? W miarę jak każda rodzina dokonywała dyskretnych obliczeń, rozkosznie oczywiste stawało się, ile zaoszczędzi na traktorach, nawozach, podkładkach i robociźnie. Wyznaczono datę ślubu i zachęcano główne postacie, aby się polubiły.

Świeżo poślubionemu mężowi, łagodnemu mężczyźnie o skromnych ambicjach, niemłodemu od urodzenia, małżeństwo w pełni odpowiadało. Uniezależnił się od matki. Miał mu kto gotować, reperować ubranie i ogrzewać łóżko w długie zimowe noce. Kiedyś odziedziczy obie winnice. Przyjdą na świat dzieci. Żyło mu się dobrze i był zadowolony.

Natomiast jego żona, ledwie minęło podniecenie wywołane weselem, doznała rozczarowania, przeradzającego się w złość, w miarę jak ustalał się codzienny tok zajęć. Była rozpieszczoną jedynaczką. Teraz stała się żoną, z ciążącymi na niej obowiązkami: prowadzeniem domu, planowaniem wydatków, mężem, który co wieczór wraca do domu głodny, zmęczony, pokryty kurzem, szczęśliwy, że może zdjąć buty i poczytać gazetę. Że może być nudny. Miała przed sobą perspektywę życia pracowitego i nieciekawego.

Trudno się dziwić, że coraz większą przyjemność sprawiały jej odwiedziny u rzeźnika, na które przeznaczała czas po południu, kiedy miała większą szansę zastać go samego. Był jasnym punktem jej dnia, mężczyzną zawsze uśmiechniętym i, co musiała zauważyć, niezwykle dorodnym w tym kusym letnim stroju – silnie zbudowanym, w przeciwieństwie do jej kościstego męża, z ładnie zaróżowioną skórą i kępką gęstych czarnych włosów, wijących się nad karczkiem fartucha.

Zdarzyło się to nagle pewnego popołudnia, a nie padło przy tym ani słowo. W jednej chwili stali obok siebie, gdy pakował dla niej rumsztyk, na tyle blisko, że wyczuwali ciepło swych ciał; w następnej znaleźli się na górze, w jego mieszkanku, oślizli od potu, a części ich garderoby zasłały podłogę.

Później ona sama wyszła ze sklepu, spłoniona i roztargniona, zapomniawszy o mięsie na kontuarze.

Mieszkańcy małej wioski lubią snuć domysły, informacje zaś przenikają chyba samorzutnie, zapadają w świadomość tak pewnie, jak światło słoneczne przesącza się przez drucianą siatkę. Niczego nie można zachować w tajemnicy, a kobiety zawsze dowiadują się pierwsze. W następnych tygodniach, po spędzonym z młodą żoną popołudniu, Arnaud dostrzegał, że klientki są coraz bardziej ożywione i skłonne stawać coraz bliżej niego. Ręce, przedtem rzeczowe, zajęte płaceniem i odbieraniem pakunków, teraz się ociągały, palce muskały jego dłonie. Młoda żona zaczęła się zjawiać regularnie, tuż po drugiej, zamykać za sobą drzwi i odwracać wywieszkę tak, że napis głosił *Fermé*. Jej śladem poszły inne, każda zaś wybierała odpowiednią dla siebie porę. Arnaud schudł i prosperował znakomicie.

Nie wiadomo, kto pierwszy zaalarmował mężów. Może jedna z najstarszych mieszkanek wioski, którą cieszyło demaskowanie każdej dostrzeżonej rozwiązłości; może jedna z żon, zawiedziona, że nigdy nie odbyła pośpiesznej wspinaczki po schodach do ciemnej, pachnącej wołowiną sypialni. Lecz nieuchronną koleją losu narastały plotki i podejrzenia, aż wreszcie dotarły do mężów. Oskarżenia padały w zaciszu małżeńskiego łoża. Zaprzeczeniom nie dawano wiary. W końcu jeden z mężów zwierzył się drugiemu, ten trzeciemu. Okazało się, że należą do tego samego żałosnego klubu.

Któregoś wieczora pięciu mężczyzn zebrało się w kawiarni: trzech farmerów, listonosz i pracownik towarzystwa ubezpieczeniowego, często zmuszony spędzać noce poza domem. Zajęli stolik w głębi, z dala od baru, talią kart maskując prawdziwy cel spotkania. Szeptem, z goryczą opowiadali sobie mniej więcej tę samą historię. Zmieniła się. To już nie ta kobieta, z którą się żeniłem. Ten mały *salaud* zniszczył nasze małżeństwa swoim obleśnym uśmiechem i sprośnością swoich szortów. Kiedy tak siedzieli nad zapomnianymi kartami, podsycając oburzenie pastisem, ich głosy rozbrzmiewały coraz gwałtowniej i donośniej. Za donośnie. Listonosz, najmniej podchmielony, zaproponował kolejne spotkanie, w miejscu ustronnym, gdzie mogliby odbyć naradę.

Pod koniec września rozpoczął się sezon łowiecki, więc postanowili wyruszyć na wzgórza w niedzielę rano: piątka przyjaciół ze strzelbami i psami zapoluje na dzika, który każdej jesieni robił takie szkody, buchtując w winnicach.

Słońce, ledwie wzeszło, już przygrzewało raczej jak w lipcu niż we wrześniu. Zanim pięciu mężczyzn dotarło na grań Luberonu, strzelby i ładownice zaciążyły im na ramionach, a w płucach zapiekło ich od wspinaczki. Znaleźli cień pod gałęziami olbrzymiego cedru, rozprostowali plecy i podawali sobie z rąk do rąk butelkę. Psy nosami badały poszycie, biegały zygzakiem po niewidzialnych ścieżkach, jakby uwiązane do sznura, za który ktoś szarpie, zakłócały ciszę pobrzękiwaniem dzwoneczkami na obrożach. Żadnego innego odgłosu, żadnych ludzi. Mężczyźni mogli rozmawiać swobodnie.

Ukarać żony czy rzeźnika?

Tęgie lanie, parę połamanych kości, zniszczony sklep będą dla niego nauczką. Może, powiedział jeden z mężów. Ale poszkodowany rozpozna napastników i wezwie policję. Będą pytania, przypuszczalnie areszt. A kto wie, czy to go powstrzyma? Poturbowani ludzie wylizują się z obrażeń. Wzbudzi u żon współczucie. Wszystko zacznie się od nowa. Butelka krążyła w ciszy, podczas gdy pięciu mężów wyobrażało sobie długie miesiące, może lata spędzone w więzieniu. Jeśli żony zdolne są oszukiwać ich teraz, o ile to będzie łatwiejsze, kiedy zostaną same. Wreszcie jeden wypowiedział na głos myśl, która wszystkim przychodziła do głowy: Trzeba koniecznie znaleźć trwałe rozwiązanie. W ten czy inny sposób należy się pozbyć rzeźnika. Tylko wtedy będą mieli i życie, i żony takie jak dawniej, zanim ten młody cap okrył ich wstydem.

Listonosz, zawsze najrozsądniejszy w tym gronie, był za rozmową z rzeźnikiem. Może da się go nakłonić do wyjazdu. Czterej pozostali przecząco pokręcili głowami. Co to za kara? Co za zemsta? Co za sprawiedliwość? Wieś by z nich kpiła. Do końca życia szeptano by o nich, byliby pośmiewiskiem: pięciu mięczaków, bezczynnie patrzących, jak ich żony wskakują do łóżka innego mężczyzny. Pięciu rogaczy i tchórzy.

Osuszyli butelkę. Jeden się dźwignął, ustawił ją na kamieniu, po czym wrócił, podniósł strzelbę i umieścił nabój w komorze. Oto, co zrobimy, powiedział. Wycelował i roztrzaskał butelkę na drobne kawałki. Spojrzał na swych towarzyszy, wzruszając ramionami. *Voilà.*

W końcu zgodzili się pociągnąć zapałki i tym sposobem rozstrzygnąć, kto wykona wyrok. Następnie zeszli z góry, aby zjeść niedzielny lunch z żonami.

Kat starannie wybrał porę, zaczekał, aż nie będzie księżyca, i wykradł się z domu, kiedy noc była najciemniejsza. Chciał mieć pewność, że zabije, więc załadował strzelbę dwoma nabojami z *chevrotine*, choć jeden ładunek grubego śrutu wystarczał, aby na odległość wyciągniętej ręki powalić słonia, cóż dopiero mężczyznę. Cicho zmierzając pustymi ulicami w stronę sklepu mięsnego, musiał się zastanawiać, czy tamci leżą bezsennie i myślą o nim. I musiał przeklinać rzeźnika za to, że tak długo schodzi po schodach, aby otworzyć drzwi, do których on uporczywie stuka.

Wypalił z obu luf, przyłożonych do piersi Arnaud, i nie czekał, aż ten upadnie. Zanim w sąsiednich domach rozbłysły światła, już biegł polami poniżej wsi, potykając się o winorośle w drodze powrotnej do domu.

Jakoś przed świtem przybył pierwszy żandarm, wyrwany z łóżka przez kogoś, kto zadzwonił z jednego z nielicznych we wsi telefonów. W kałuży światła, wylewającego się ze sklepu rzeźnika, stało już parę osób, przerażonych, zafascynowanych, niezdolnych odwrócić wzroku od zakrwawionych zwłok, które leżały tuż za drzwiami. W ciągu godziny pojawiła się brygada z Awinionu, przepędziła gapiów, zabrała ciało i zainstalowała się w merostwie, aby rozpocząć długotrwałą procedurę przesłuchiwania całej wsi.

Dla pięciu mężów był to trudny okres, próba solidarności i przyjaźni. Jeszcze raz spędzili niedzielny poranek w lesie, gdzie przypominali sobie, że ich jedynym ratunkiem jest milczenie, absolutne milczenie. Trzymajmy języki za zębami, jak powiedział któryś, a nikt się nigdy nie dowie. Policja pomyśli, że w poprzednim miejscu pobytu rzeźnik naraził się komuś i ten wróg załatwił teraz dawne porachunki. Podawali sobie z rąk do rąk butelkę pocieszenia i przysięgali, że nie pisną ani słowa.

Mijały dni, potem tygodnie, a nikt nie przyznał się do winy, nikt nie wpadł na żaden trop. Nikt nie zdradzał, że coś wie. Zresztą dość niechętnie omawiano sprawy wsi z umundurowanymi autsajderami. Policja zdołała tylko w przybliżeniu określić czas śmierci i naturalnie ustalić, że zabójca użył broni myśliwskiej. Przesłuchano wszystkich posiadaczy *permis de chasse*, starannie zbadano każdą strzelbę. Ale w przeciwieństwie do kul, gruby śrut nie pozostawia rozpoznawalnych śladów. Mordercze strzały mogły zostać oddane z którejkolwiek z dziesiątków dubeltówek. Wreszcie dochodzenie zaczęło kuleć, potem utknęło w martwym punkcie i po prostu zostało odłożone do akt. Wieś znowu zajęła się zbiorem winogron, które w zgodnej opinii wszystkich były wyjątkowo słodkie tego roku, po suchej, ciepłej jesieni.

W swoim czasie z Ardèche przyjechał inny rzeźnik, człowiek starszy, ojciec rodziny, i ucieszył się, że przejmuje lokal tak dobrze wyposażony, nawet w noże. Miłym zdziwieniem zareagował na niezwykle życzliwe przyjęcie ze strony tutejszych mężczyzn.

– I tak to się skończyło – powiedział Marius. – Ze czterdzieści lat temu.

Zapytałem, czy zdołano ustalić tożsamość zabójcy. Wiedziało przecież co najmniej pięć osób, a jak sam mówił, utrzymać we wsi sekret jest równie łatwo, jak w dłoni wodę. Uśmiechnął się tylko i pokręcił głową.

– Powiem panu jedno – odparł. – Nikt nie został w domu, kiedy chowali rzeźnika. Każdy miał swój powód. – Dopił wino i przeciągnął się na krześle. – *Beh oui.* Na ten pogrzeb waliły tłumy.

Zdumiewające dziennikarskie odkrycie: Prowansja nigdy nie istniała

List napisał nowojorczyk, pan Gerald Simpson, zaskoczony artykułem w „New York Timesie". Przesłał mi wycinek, który okazał się smutną lekturą. Simpson zdumiał się, że ktoś nazywa Prowansję regionem, gdzie żyją chytrzy chłopi i źle się jada. Nie przypominam sobie, aby tak to wyglądało, kiedy spędzałem tam wakacje, pisał. Nie tak to wygląda w pańskich książkach. Co się stało? Czy przez parę ostatnich lat tyle mogło się zmienić?

Powtórnie przeczytałem artykuł i rzeczywiście wynikało z niego, że Prowansja jest nieatrakcyjna, a tamtejsze restauracje i dostawcy żywności do niczego. Już wcześniej dostawałem podobne wypociny dziennikarzy, usiłujących zaprezentować coś, co chętnie uważają za inny punkt widzenia. Zależy im na znalezieniu tak zwanej przez nich „prawdy", ukrytej za pocztówkowymi widokami skąpanych w słońcu łanów lawendy i uśmiechniętych twarzy. Wystarczy im rozczarowany turysta, gburowaty sklepikarz czy niesmaczny posiłek, aby wrócili do kraju szczęśliwi, że mają o czym pisać. Rzadko się z nimi zgadzam, ale to nic dziwnego. Każdy z nas ma swoje zdanie na temat Prowansji, ja zawsze inne niż ci, co przyjeżdżają tu na tydzień lub dwa, zwłaszcza w sierpniu, miesiącu, w którym panuje największy tłok i który jest najmniej typowy.

Przesłany mi artykuł: „Mój rok w Prowansji w minionym sierpniu", ukazał się 22 kwietnia 1998 w jednej z najznakomitszych i najbardziej wpływowych gazet na świecie, w „New York Timesie". Wyszedł spod pióra Ruth Reichl, której nazwisko, jestem pewny, wywołuje dreszczyk obawy, kiedy pada w restauracyjnych kuchniach Manhattanu; najsilniejszy zaś wywoływało wówczas, kiedy w „Timesie" regularnie recenzowała restauracje. Teraz już tego nie robi, lecz w kwietniu, jeszcze na stanowisku reporterki, była jasnym światłem wiedzy gastronomicznej w mrocznym, ignoranckim świecie, wyrabiała i szargała kuchniom reputację – krótko mówiąc, wiedziała swoje, jak mógłby powiedzieć jeden z tych chytrych starych wieśniaków.

Reichl jako krytyk gastronomiczny i redaktor odznacza się między innymi cenną umiejętnością niezwłocznego docierania do sedna sprawy. W sierpniu zdołała nie tylko zbadać, rozważyć, podsumować i przekreślić cały region Francji – cóż za pracowitość! – lecz także znaleźć czas na nieudane wakacje.

A co to była za lista rozczarowań, począwszy od pierwszego w Prowansji śniadania: straszne bagietki, jeszcze gorsze croissanty, kwaśna kawa. Na targu Reichl nie udało się znaleźć ani jednego dojrzałego pomidora. Brzoskwinie okazały się twarde jak kamień. Zielona fasolka wyglądała na zwiędniętą, nic zaś szybciej od widoku takiej fasolki nie zniechęca krytyka żywności. Zniechęcenie wciąż się pogłębiało. Żadnych ze sprzedawanych kartofli nie wyhodowano we Francji. Żaden rzeźnik nie miał baraniny. To piekło dla smakosza, a wyprawy do supermarketu, gdzie – jak twierdziła Reichl – musiała robić zakupy, kiedy nie odbywał się targ, też nie były udane. I tam żywność okazała się okropna. Mięso i warzywa katastrofalne. Sery fabryczne. Chleb owinięty plastikiem. A co najstraszniejsze, same wina *rosé* zajmowały więcej miejsca na półkach niż wszystkie wyroby mączne, ciasteczka i krakersy w jej amerykańskim lokalnym markecie d'Agostino. Coś takiego! Więcej wina niż ciasteczek! To najwymowniej świadczy o upadku moralnym społeczeństwa.

Zanim nastąpią dalsze rewelacje, warto bliżej się przyjrzeć pierwszym pozycjom na tej żałosnej liście. Niewątpliwie w Prowansji trafia się kiepska żywność, lecz ten, kto widzi ją wszędzie, gdziekolwiek się obróci, albo jest niedbały, albo w ogóle nie zna miejscowych warunków. Przeciętnemu turyście można by to wybaczyć, Reichl jednak bynajmniej nim nie jest. Całe swe życie zawodowe poświęca odkrywaniu dobrej żywności. Niewątpliwie ma doskonałe powiązania w kręgach gastronomicznych i dziennikarskich. Na pewno nie brak jej we Francji przyjaciół czy kolegów, od których mogłaby się dowiedzieć, że w Prowansji, tak jak na całym świecie, trzeba znać odpowiednie miejsca. Czy nikt nie podał jej paru dobrych adresów? Czy nie prosiła o nie? Czy nie czytała świetnych książek Patrycji

Wells, podobnie jak ona pisującej o jedzeniu do „International Herald Tribune", rzetelnej i dobrze poinformowanej znawczyni Prowansji? Chyba nie.

Nieosiągalny dojrzały pomidor i brak baraniny – dwa rozczarowania, jakie nie spotkały nas przez tyle lat spędzonych w Prowansji – można złożyć na karb pecha albo przypisać pojawieniu się na targu czy u rzeźnika za późno, kiedy najlepsze towary zostały już wykupione. Tak bywa w sierpniu. Co do okropnego supermarketu, wygląda na to, że Reichl znowu usłuchała złej rady albo nie słuchała jej w ogóle. Na pewno w niektórych supermarketach sprzedaje się fabryczny ser albo chleb zawinięty w plastik, choć nie rozumiem, dlaczego zasługuje to na wzmiankę. Supermarkety specjalnie projektuje się z myślą o sprzedaży masowo wytwarzanej żywności, która w dużej mierze musi mieć zgodne z przepisami plastikowe opakowania. A mimo to nie wszystkie supermarkety są do siebie podobne. W Prowansji bardzo wiele z nich sprzedaje świeże sery i ma własne piekarnie, choć wybór ciasteczek może być tam mniejszy niż u d'Agostino.

W rzeczywistości większość znanych nam poważnych kucharzy zaopatruje się w supermarketach tylko w artykuły pierwszej potrzeby. Mięso, pieczywo, oliwę, wino i płody rolne kupują w małych specjalistycznych sklepikach, tak jak to robiły ich matki. Jeśli zaś mieszkają w Awinionie albo gdzieś w pobliżu, kupują w Les Halles, na jednym z najlepszych targów spożywczych, jakie można by znaleźć we Francji czy gdziekolwiek indziej. Hale znajdują się na Place Pie, w samym środku miasta; tak się składa, że niedaleko miejsca pobytu Reichl.

Przez dwadzieścia pięć lat były stałym punktem sprzedaży dla miejscowych dostawców, a czterdzieści stoisk oferuje fantastyczny wybór mięsa, drobiu, dziczyzny, pieczywa, serów, *charcuterie*, owoców, warzyw, ziół, przypraw i oliwy – sama lada z rybami zaś ma ponad trzydzieści jardów długości. Przez sześć dni w tygodniu targ jest czynny od szóstej rano do południa. W sierpniu jednak są w Awinionie trudności z parkowaniem i może dlatego autorka nie wspomniała o Les Halles. Szkoda.

Mniejsza z tym. Jeśli zawiedzie natchnienie albo zabraknie woli do robienia zakupów, pozostają miejscowe restauracje. Choć w Awinionie jest kilka porównywalnych z dobrymi restauracjami nowojorskimi – Hiely, L'Isle Sonnante albo La Cuisine de Reine to zaledwie trzy –

jakoś nie wpadły Reichl w oko. Zamiast o nich, opowiedziała nam o dziwacznym menu, które przeczytała, nie próbując potraw, złożonym wyłącznie z pomidorów. (Miejmy nadzieję, że dojrzałych). Przypuszczalnie to ją skłoniło do uwagi na temat lichych restauracji w większych miastach. Taka lektura budzi wątpliwości, czy podczas pobytu w Prowansji człowiek zdoła się utrzymać przy życiu.

Teraz jednak, rozczarowani i osłabli z głodu, dochodzimy do najniezwyklejszego ze wszystkich odkrycia. Mamy je wypisane czarno na białym, potwierdzone przez poważny autorytet „New York Timesa": „Marzyła mi się Prowansja, która nigdy nie istniała".

Możecie sobie wyobrazić, że to zdanie uderzyło mnie z siłą zielonego pomidora, który trafia między oczy. Gdzie ja mieszkałem przez tyle lat? A co z tymi innymi oszukanymi pisarzami? Prowansja, znana i opisywana przez Daudeta, Giono, Forda Madoxa Forda, Lawrence'a Durrella i M.F.K. Fishera – Prowansja, znana mnie – nie istnieje. Nigdy nie istniała. To słoneczny wytwór naszej wyobraźni, romantyczna fantazja.

Obawiam się, że winę za to monumentalne kłamstwo w dużej mierze ponosi rodowity Prowansalczyk – niestety, jeszcze jeden przepracowany i obdarzony bujną fantazją pisarz – Marcel Pagnol. Reichl jest jego zagorzałą wielbicielką, czego przed nami nie ukrywa: „Prowansja, do jakiej jestem najbardziej przywiązana, to Prowansja wielkiego twórcy filmowego, Marcela Pagnola. W tym narysowanym nierówną kreską, czarno-białym świecie bywalcy kawiarniani zabawiają się chowaniem kamieni pod kapelusze i czekaniem, aż ktoś przyjdzie je kopnąć".

Chyba równie dobrze można by się spodziewać, że współczesna Ameryka będzie przypominała scenografię do filmu Franka Capry, ale uznałem, że należy przeprowadzić badania, ich wyniki zaś są niepodważalne. Zgodnie z prawdą muszę donieść, że kopanie kapeluszy, jako widowisko ku uciesze gawiedzi, podzieliło los gilotyny. Poszukiwania w archiwach merostwa w mojej wsi nie ujawniły ani jednego odnotowanego przypadku kopania kapeluszy w miejscu publicznym. Najstarszy mężczyzna w tutejszym barze, zapytany, czy ktoś kiedyś zabawiał go kopaniem kapeluszy, spojrzał na mnie z ukosa, zabrał swojego drinka i odszedł bez słowa. Nawet w najbardziej odosobnionych wsiach Haute Provence, gdzie człowiek mógłby sobie wyobrażać, że natrafi na przypadkowe, zapomniane zbiorowisko ludzi kopiących kapelusze, w kawiarniach zobaczy przypuszczalnie mężczyzn, zabawiających się tylko rozmową, grą w karty i w bule. Najpierw złe jedzenie. Teraz to. Rozwiał się kolejny sen o Prowansji.

A jednak przyjeżdżające tu osoby nie mają chyba samych niejasnych oczekiwań i potrafią bardzo się cieszyć tym, co rzeczywiście istnieje. Niestety są to turyści, niemile widziani w świecie Reichl. Ona woli miejsca, mówiąc jej słowami, nieosobliwe i nie „nawiedzane przez turystów". Turyści, rzecz prosta, to zawsze inni ludzie; nigdy my. My się od nich różnimy. Jako podróżnicy – inteligentni, dobrze wychowani, kulturalni – jesteśmy błogosławieństwem, źródłem rozkoszy dla wybranych przez nas miejscowości. Takie rozpowszechnione nastawienie zawsze uważałem za protekcjonalne, obraźliwe, w dodatku nie pasujące do sytuacji. Każdy, kto wyjeżdża z kraju dla przyjemności, jest turystą, obojętne, jak pięknie chce to nazwać. Siebie uważam za permanentnego turystę. Niektórzy moi najlepsi przyjaciele są turystami. Turystyka w znaczący sposób ożywia miejscową gospodarkę i zapewnia utrzymanie wielu utalentowanym ludziom – w ich gronie kilku kucharzom – którzy, gdyby nie ona, musieliby gdzie indziej szukać źródła zarobków.

Weźmy na przykład jedyne dwie dobre restauracje, na jakie Reichl udało się natrafić w całej Prowansji: Auberge de Noves i Bistrot du Paradou. Obie są, zdaniem dziennikarki, znakomite i obie cieszą się zasłużonym uznaniem turystów. Czy mogłyby się utrzymać na tym poziomie, gdyby musiały zależeć wyłącznie od miejscowej klienteli? Bardzo w to wątpię.

Nuta ostatecznego rozczarowania pobrzmiewa nawet w opisie Bistrot du Paradou, które Reichl przecież wyróżnia. Jedzenie było dobre, atmosfera urocza, a mimo to: „Wyczuwałam w tym wszystkim coś nierzeczywistego, zręczną próbę ożywienia ducha Marcela Pagnola". Coś takiego! Jaka mogła być tego przyczyna? Epidemia kopania kapeluszy na parkingu? Przybycie Charles'a Aznavoura na lunch? Czy też fakt, że bistrot istnieje zaledwie od piętnastu lat, a nie od piętnastu pokoleń? Mniejsza o przyczynę, wystarczy, że uzasadnia to teorię o nieistniejącej Prowansji.

Zgodnie z zapowiedzią, Reichl spędzi następny urlop we Włoszech, tej złotej krainie marzeń, i ze względu na nią mam nadzieję, że spełnią się wszystkie: o kelnerach śpiewających urywki z Pucciniego, o krzepkich wieśniakach, ugniatających winogrona sinymi stopami, o wspaniałych posiłkach z ręcznie wyrabianego makaronu. *Buon appetito, signora!*

Ale teraz, z myślą o moim korespondencie, panu Simpsonie, i o innych nieulękłych osobach, które może nadal będą się wybierać do Prowansji, podaję parę dobrych adresów – na dowód, jak ufam, że nie wszystko jest stracone. Miejscowości te leżą na dość dużym obszarze, więc pewnie trzeba będzie spędzić trochę czasu w samochodzie i z mapą. Okolice są jednak piękne, a to, co się tam znajduje, warte będzie podróży. Powinienem dodać, że tę listę sporządzałem sam, całymi latami, i jak to ja, na wyrywki. Bynajmniej nie miała być pełna ani uporządkowana. I ostatnia przestroga: Adresy zwykły się zmieniać, więc przed wyjazdem mądrze byłoby sprawdzić je w książce telefonicznej albo w miejscowym Syndicat d'Initiative.

Targi

Za najprzyjemniejszy sposób robienia zakupów zawsze uważałem te dwie, trzy godziny spędzone na prowansalskim targu. Koloryt, obfitość, gwar, niekiedy ekscentryczni straganiarze, mieszanina woni, propozycja, abym skosztował tu płatek sera, tam kawałek grzanki z tapenade – wszystko to sprawia, że coś, co z początku było obowiązkiem, zamienia się w poranną rozrywkę.

Nałogowiec mógłby przez kilka tygodni odwiedzać targowiska, co dzień inne, a spis tych wybranych, który najlepiej czytać z mapą w dłoni, bynajmniej nie jest kompletny. Ale moim zdaniem wyraźnie wskazuje, że w Prowansji nie ma czegoś takiego jak dzień bez targu.

Poniedziałek: Bédarrides, Cadenet, Cavaillon, Forcalquier

Wtorek: Banon, Cucuron, Gordes, St. Saturnin-d'Apt, Vaison-la-Romaine

Środa: Cassis, Rognes, St. Rémy-de-Provence, Sault

Czwartek: Cairanne, Nyons, Orange

Piątek: Carpentras, Châteauneuf-du-Pape, Lourmarin, Pertuis

Sobota: Apt, Arles, Manosque, St.-Tropez

Niedziela: Coustellet, L'Isle-sur-Sorgue, Mane

Wino

Tutaj wkraczamy na delikatny grunt. Jedną ze zmian, jakie zaszły w Luberon w ciągu ostatnich paru lat, była ogromna poprawa jakości *petits vins.* W małych miejscowych winnicach produkuje się coraz lepsze wino; może nie tak samo wyważone i złożone jak w dużych winnicach Châteauneuf-du-Pape, ale dobre, łatwe do picia i niedrogie. Są dziesiątki tych win i na tym polega problem. Należałoby mieć większe niż ja pragnienie, aby każdego spróbować, na pewno więc kilka skarbów przeoczyłem. Trwają dalsze codzienne badania. Tymczasem podaję parę ulubionych.

Château La Canorgue, Bonnieux

Czerwone i białe są dobre i jest cudownie blade, przydymione *rosé,* którego większość wykupują miejscowi restauratorzy. Aby zarezerwować sobie parę skrzynek, trzeba się wybrać do *château* w marcu lub w kwietniu.

Domaine Constantin-Chevalier, Lourmarin

Jakimś sposobem dwóch mężczyzn z traktorami potrafi pielęgnować winorośl na powierzchni około pięćdziesięciu akrów. Wina, zwłaszcza czerwone, zaczynają zdobywać medale i pojawiać się na restauracyjnych listach win. Jak tak dalej pójdzie, niewykluczone, że personel zwiększy się do trzech osób.

Domaine de La Royère, Oppède

Jedyna znana mi winnica, gdzie wino wytwarza, i to bardzo dobrze, kobieta. Anne Hugues robi z winogron znakomite wina, a jej mąż wyśmienitego marca, mocnego i złudnie aksamitnego. Po degustacji prowadź samochód z rozwagą.

Château La Verrerie, Puget-sur-Durance

Stara winnica, zasadzona ponownie i całkowicie odmłodzona przez rozmiłowanego w winie biznesmena, któremu pomagał Jacky Coll, jeden z najwybitniejszych w regionie architektów winorośli. Dzięki niemu powstały niektóre wyjątkowe wina czerwone.

Domaine de La Citadelle, Ménerbes

Jedna z większych tu posiadłości; na jej terenie mieści się muzeum korkociągów i można dostać szeroki, ciekawy wachlarz Côtes du Luberon. Degustacje bywają długie i czasami huczne.

La Cave du Septier, Apt

Nie winnica, lecz sklep, prowadzony przez Hélène i Thierry'ego Riolsów, którzy wiedzą o winach prowansalskich wszystko, co ja chciałbym wiedzieć. Oddaj się w ich ręce i pij, co ci polecą. Naturalnie, jako odpowiedzialni kupcy, mają też na składzie cudowne butelki z Bordeaux i Burgundii, te jednak są nietutejsze, więc nie powinny nas interesować.

Oliwa

Przypuszczalnie najmodniejsze rodzaje prowansalskiej oliwy pochodzą z doliny Les Baux, a jeśli przypadkiem jest się nieopodal Maussane-les-Alpilles tuż po zbiorze oliwek pod koniec roku, można dostać te oliwy w maleńkiej spółdzielni Maussane. Ponieważ jednak są rozchwytywane, w lecie zakup taki bywa łatwiejszy dalej na północ, w Haute Provence.

Tu, na peryferiach Mane, w sklepie Oliviers & Co. sprzedają niezwykły asortyment oliw z basenu Morza Śródziemnego – z Włoch, Grecji, Sycylii, Korsyki, Hiszpanii – oraz niektóre najlepsze oliwy miejscowe. Do sklepu należy iść z bagietką, bo przed dokonaniem zakupu można je kosztować. (Klient dostaje porcelanowe łyżeczki do degustacji, lecz nie ma nic lepszego nad połączenie dobrej oliwy ze świeżym pieczywem). I przy okazji warto wziąć mydło oliwkowe, które podobno rozjaśnia cerę śródziemnomorskim blaskiem.

Miód

Na każdym targu jest stoisko z miodem i pewnego dnia ktoś może wpaść na monsieur Reynaud, kupca, którego najbardziej lubię. „Moje pszczoły – powie Reynaud – przyleciały z Włoch, aby zrobić ten miód". Nie wiem, dlaczego wywiera to na mnie wielkie wrażenie, ale prawie zawsze mam w domu słoik miodu od niego.

Najłatwiej się przekonać, do czego zdolne są miejscowe pszczoły, w Mas des Abeilles, na płaskowyżu Claparèdes powyżej Bonnieux. Tam miód pachnie lawendą, rozmarynem albo tymiankiem; można kupić ocet miodowy; królewską galaretkę; i przepyszną miodową musztardę. A na dodatek z góry rozpościera się widok na Mont Ventoux i Luberon.

Pieczywo

Tak jak w przypadku prawie wszystkiego, co się jada we Francji, ludzie wyraźnie, a częstokroć głośno wypowiadają sprzeczne opinie na temat tego, co stanowi o idealnej konsystencji, a nawet idealnej formie codziennego chleba. *Fougasse, bule, pain fendu, restaurant, pain de campagne, pain au levain* – każdy ma swoich zagorzałych zwolenników. Piekarnie podlegają tym samym wysoce subiektywnym ocenom, toteż udzielając wskazówek, kieruję się wyłącznie własnym smakiem.

Boulangerie Georgjon w Rognes

W tym sklepie każdego, kto wchodzi, wita chyba najbardziej nęcący, ciepły, maślany zapach. Piekarz oprócz chleba sam robi migdałowe herbatniki, dwa różne rodzaje croissantów i tarty z kuszącą owocową galaretką. Wszystko to jest pyszne.

Boulangerie Testanière w Lumières

Tutaj pieczywo ma konsystencję zwartą, nieco bardziej gumowatą niż normalna bagietka. Cieszy się wielkim powodzeniem u miejscowej ludności i w niedzielę rano trzeba przyjść wcześnie, bo inaczej półki będą puste.

Boulangerie Arniaud w Rustrel

Wystrój prawie się nie zmienił od roku 1850. A zapewne i smak pieczywa – litego, wypełniającego żołądek, zaspokajającego głód, takiego, jakie być powinno. *Fougasse*, natarta oliwą i solą morską, zjedzona ze świeżymi pomidorami, wystarczy za posiłek.

Auzet w Cavaillon

Tak wielkiego wyboru nigdy sobie nie wyobrażałem. Panowie Auzet, *père et fils*, proponują rozmaite rodzaje pieczywa i jeśli nie są zbyt zajęci, doradzają, co z którym jeść.

Ser

Prowansja nie jest krainą bujnych pastwisk i podobno tutaj krowa należy do rzadkości, podobnie jak jowialny inspektor podatkowy. Ale kozy świetnie się mają w zaroślach i w górach, kozie sery zaś cechuje zdumiewająca różnorodność. Świeże są lekkie, łagodne, śmietankowe. Z wiekiem twardnieją, nabierają ostrości w zalewie z oliwy i ziół, obtoczone w grubym czarnym pieprzu albo ugarnirowane dzikim cząbrem. Widywałem nie większe od naparstka – *petits crottins* – bądź pokrojone w spore trójkąty, jako *camembert de chèvre*, zwykle jednak mają kształt krążków, około cala grubości i trzech cali średnicy, często owiniętych suchymi liśćmi kasztana i przewiązanych rafią. Najpopularniejszy ser wyrabiają farmerzy wokół Banon, w Haute Provence, ale godnych rywali mają na całym płaskowyżu Vaucluse.

Geneviève Molinas w Oppède robi cały zestaw suchych lub świeżych serów, z pieprzem, z cząbrem, *à la cendre* (pieczonych w żarze) i en camembert.

Niedaleko, w Saignon, jest Ferme Auberge Chez Maryse, gdzie można kupić sery Maryse Rouzière i popróbować jej kuchni.

A w Les Hautes Courennes, w St.-Martin-de-Castillon, można przypuszczalnie po raz pierwszy zapoznać się ze smakiem *cabrichon.*

Większy wybór różnych serów oferuje znakomity sklep Fromagerie des Alpes w Cavaillon, gdzie reprezentowane są sery krowie i owcze, zarówno jak kozie. Przechowuje się je tam w wyśmienitym stanie, a właściciele chętnie doradzą, co wybrać.

Chambres d'Hôtes

Na wiejskich obszarach Prowansji bardzo nieliczne są duże hotele, jeśli zaś będą nadal obowiązywać obecne ograniczenia budowlane, nie zanosi się na to, aby kiedyś powstały. Ale coraz więcej prywatnych osób proponuje proste, wygodne mieszkanie, przyzwoity obiad i możliwość poznania Francuza w domu. Trzy przykłady:

W Bonnieux państwo Maurin prowadzą Le Clos du Buis. Poniżej Ménerbes Muriel i Didier Andreis otwarli właśnie Les Peirelles. A w Saignon Kamila Regent i Pierre Jaccaud przerobili stary dom w środku wsi. Nie należy oczekiwać obsługi w pokojach ani koktajlbarów. Powitanie będzie jednak przyjazne, gość nie zgłodnieje, gospodarze potrafią wskazać inne dobre miejscowe adresy, począwszy od restauracji, na winnicach skończywszy.

Restauracje

Wystarcza ich na całą książkę, którą napisał fachowy korespondent gastronomiczny, Jacques Gantié. „Guide Gantié" omawia *750 bonnes tables*, jak Prowansja długa i szeroka. Tylko czytać i jeść.

Przeglądając tę listę, dostrzegam w niej duże braki. Przepraszam za nie. Gdzie jest książę rzeźników, solidny dostawca trufli, nadzwyczajny producent kiełbas? U kogo należałoby szukać najlepszego melona czy najbardziej soczystego ślimaka, *petit-gris de Provence*? Kto ma najsmaczniejszą *tapenade*? Niewątpliwie istnieją gdzieś ci specjaliści od gastronomii, którzy przez całe życie starają się nadawać posiłkom niezapomniany charakter. Ale Prowansja zajmuje rozległy obszar, ja zaś poznaję ją zaledwie od jakichś dziesięciu lat. Im dłużej tu mieszkam, tym wyraźniej zdaję sobie sprawę z własnej niewiedzy.

Wiem jedno, że jeśli ktoś jest gotowy poświęcić trochę czasu na patrzenie i słuchanie, zaspokoi apetyt. Zgodziłbym się, że składniki i przyprawy, które tworzą kuchnię prowansalską, są odmienne, specyficzne i nie każdemu smakują. Ja akurat je lubię i z godnym uwagi wyjątkiem flaków, nigdy nie budzących we mnie szczerego entuzjazmu, miałem niewiele powodów do narzekań. Bzdurą jest twierdzenie, że nie można tu dobrze zjeść. Choć rzeczywiście wymaga to trochę czasu i wysiłku, moim zdaniem pozwala doceniać potrawy i naprawdę się nimi rozkoszować.

Przepis na wioskę

Pamiętam, co powiedziano mi kiedyś: że w ciągu roku spada w Prowansji mniej więcej tyle deszczu co w Londynie, lecz ulewy są bardziej gwałtowne. Teraz, gdy patrzę przez okno, wygląda to tak, jakby na ziemię spływały półroczne zapasy wody, tworząc skośną szarą zasłonę, bębniąc o blaszane stoliki na tarasie, ciurkając z krzeseł i sącząc się pod drzwiami, zanim na płytach podłogi utworzyły się brudne, nieruchome kałuże.

Kobieta za barem zapaliła następnego papierosa, dmuchnęła dymem na swe odbicie w lustrze, które wisiało nad rzędem butelek, odgarnęła włosy za uszy i odęła wargi niczym Jeanne Moreau. Histeryczna wesołość Radia Monte Carlo nie rozpraszała ponurego nastroju na sali. W kawiarni, gdzie o tej wieczornej godzinie połowę miejsc zajmowali na ogół pracownicy tutejszych warsztatów, teraz siedziało zaledwie trzech wilgotnych bywalców. Dwaj mężczyźni i ja, uwięzieni przez pogodę, czekaliśmy, aż deszcz ustanie.

– W mojej wsi nigdy tak nie pada – doleciały mnie słowa jednego z nich. – Nigdy.

Drugi siąknął nosem i przemilczał tę meteorologiczną ciekawostkę.

– W twojej wsi kiepsko jest ze ściekami – powiedział.

– *Bof.* Lepsze to niż wiecznie pijany mer.

Dalej popisywali się mikropatriotyzmem, każdy z nich bronił własnej wsi, a dyskredytował tę drugą. Wszystkich i wszystko obrzucali obelgami i oszczerstwami. Rzeźnik sprzedaje koninę jako polędwicę wołową. Pomnik, upamiętniający wojnę, jest w strasznym stanie. Latarnie uliczne są najbrzydsze we Francji, mieszkańcy najbardziej gburowaci, śmieciarze gnuśni.

Z jednej i z drugiej strony, zadziwiająco beznamiętnie, padały te i jeszcze cięższe zarzuty. W Prowansji spory bywają gwałtowne i zajadłe; skłócone osoby podnoszą ręce i głosy, przywołują imiona przodków, walą w stoły i dźgają w piersi. Ale wszystko, co podsłuchałem – nawet najbardziej jątrząca uwaga na temat listonoszowej – było raczej wyszeptane niż wywrzeszczane. Tych dwóch można by wziąć za profesorów uniwersytetu, zajętych omawianiem subtelnych kwestii filozoficznych. Jedyne, co mi przychodzi do głowy, to że deszcz ostudził ich krew.

Wyszedłem z kawiarni, aby pobiec do samochodu, oni natomiast wciąż sobie dogryzali, zdecydowani się kłócić. Znałem obie wsie, będące przedmiotem tej plemiennej sprzeczki, a takiemu jak ja postronnemu słuchaczowi – nieświadomemu zamiłowania mera do alkoholu czy skłonności listonoszowej – żadna nie wydawała się gniazdem rozpusty czy zaniedbania. Przynajmniej na pozór, nie było w nich nic takiego, o co można by długo się spierać. Ale z rozmów, które przeprowadziłem w ciągu paru następnych dni z różnymi przyjaciółmi i znajomymi, wynikało jasno, że temat wsi wywołuje wielkie zacietrzewienie.

Zapalnikiem może się stać jedno błahe zajście. Wystarczy jakiś afront, prawdziwy czy wyimaginowany: ktoś utarł komuś nosa w *boulangerie*, robotnik nie śpieszył się z wyprowadzeniem ciężarówki z zatarasowanego zaułka, stara kobieta obrzuciła przechodnia złośliwym spojrzeniem – wszystkie te wypadki cytowano mi na dowód, że wieś jest *fermé*, zimna i niegościnna. Z drugiej strony, gdyby jej mieszkańcy byli przyjaźni, rozmowni i w sumie przychylni, lepiej się mieć na baczności. Maskują tym wścibstwo i nim się człowiek połapie, jego prywatne sprawy zostaną podane do wiadomości na tablicy ogłoszeń w merostwie.

Podstawowa kwestia lokalizacji może w oczach wielu osób przesądzić o losie wsi, bez żadnego udziału jej mieszkańców. Leży za wysoko, więc nie ma żadnej osłony przed mistralem, który – jak wiadomo – wpływa na przykre usposobienie i skłania do różnych pomniejszych szaleństw. Leży za nisko, więc ulice zalega ustawiczny zimny mrok, zdaniem wiejskich ekspertów odpowiedzialny za zimowe epidemie grypy czy nawet groźniejsze schorzenia. Przecież zaledwie pięćset lat temu całą prawie ludność pochłonęła morowa zaraza. *Beh oui.*

Dalsze problemy stwarza architektura – „cały plac zepsuła świeżo wybudowana *salle des fêtes*" – jest za mało albo za dużo sklepów, brakuje miejsc do parkowania albo parking dominuje nad wsią, roi się od paryżan albo ulice są wymarłe. Innymi słowy, powtarzano mi ustawicznie, nie ma czegoś takiego jak idealna wioska.

Jedną z dobrych stron krótkiej, choć często ostrej prowansalskiej zimy jest to, że mniej spraw rozprasza uwagę. Goście są daleko, czekają na ocieplenie. Prace domowe ograniczają się do podtrzymywania ognia na kominku i uzupełniania zapasów wina w piwnicy, ogołoconej w ciągu lata. Twardy jak skała ogród śpi snem zimowym, basen jest przykryty wilgotną płachtą, a naszą jedyną rozrywkę towarzyską stanowi sporadyczny niedzielny lunch. Mając czas na refleksję nad tajemnicami życia, stwierdziłem, że zastanawiam się, jak powinna wyglądać idealna wieś, po czym buduję ją w myślach.

Jej fragmenty istnieją, choć niedogodnie rozproszone po innych wsiach, toteż ukradłem te, które mi się podobają, i połączyłem w całość. Większość przedstawionych przeze mnie mieszkańców też istnieje, ale kiedy przenosiłem ich na nowe miejsce, uznałem za słuszne zmienić im wygląd oraz imiona, aby osłonić winnych. Nazwę wsi, St.-Bonnet-le-Froid, wybrałem z uwagi na to, że Bonnet należy do bardziej zaniedbanych świętych w kościelnym kalendarzu i chyba nie ma w nim nawet swojego dnia. Więc wyznaczyłem mu dzień (oficjalnie należący do świętego Borysa), który może uważać za swój: drugiego maja, na samym początku lata.

St.-Bonnet leży na szczycie wzgórza, od nas z domu jedzie się tam z dziesięć minut, więc jest na tyle blisko, że rano przywożę jeszcze ciepły chleb od piekarza. Nie za blisko jednak, bo nawet w tej wyimaginowanej idealnej wsi miele się językami. Raczej z ciekawości niż ze złośliwości ludzie gadają o wszystkich codziennych sprawach, a ponieważ jesteśmy cudzoziemcami, nasze życie obserwują baczniej niż życie ogółu sąsiadów. Przyjezdnym, ich dorocznej zmianie karnacji z różowej na brązową przyglądają się tak pilnie, jak w kraju znajomi naszych gości przesyłanym przez nich pocztówkom. Spożycie wina u nas w domu, o którym świadczą puste butelki, budzi podziw albo przerażenie, lecz jest zauważane. Mieszkańcy St.-Bonnet szybko dostrzegają słabość mojej żony do psów i w nagrodę ofiarowują jej szczeniaki z nadwyżek albo sędziwe psy gończe, za stare, aby polować. Nic, od zakupu nowego roweru do koloru, na jaki malujemy okiennice, nie umknie uwadze wsi. O tym powiem później.

Do najważniejszych budynków w każdej odpowiednio wyposażonej wiosce należy kościół. Myślałem o Abbaye de Sénanque koło Gordes, ten jednak, choć wspaniały, jest trochę onieśmielający i moim zdaniem o wiele za duży. Chciałem mieć coś mniejszego, acz równie interesującego z historycznego punktu widzenia, więc w pierwszej kolejności ukradnę kościół z St. Pantaléon. Jest malutki i piękny, z grobowcami wykutymi w skale, na której stoi jedenastowieczna budowla. Groby są teraz puste i – ponieważ miały służyć ludziom niskiego wówczas wzrostu – sprawiają wrażenie bardzo małych. Nie pomieściłyby dzisiejszych olbrzymów, którym byłby potrzebny osobny, przestronniejszy cmentarz. Powinien się z niego roztaczać najpiękniejszy we wsi widok, zgodnie z tradycją i w myśl teorii, że ci, co tam spoczywają, będą się nim napawać przez całą wieczność.

Dla nas, żywych, pozostałyby jednak niemal równie piękne widoki, z jednej strony zachodu słońca, z drugiej, północnej, Mount Ventoux. Pola u podnóża góry są żyzne, wręcz bujnie porośnięte winnymi krzewami, oliwkami i migdałowcami; jej grań w lecie wydaje się przedwcześnie pobielona śniegiem. W rzeczywistości to nie ślady zadymki, jakiegoś kaprysu pogody, tylko nagi wapień, w promieniach wieczornego słońca nabierający jednak różowawej miękkości poduszki. A zanikanie światła i stopniowe wypełzanie cieni na lico góry najlepiej jest obserwować z tarasu wiejskiej kawiarni.

Gdyby Francuz miał powiedzieć, w jak wielu dziedzinach jego kraj wniósł wkład do cywilizowanego życia (długie namowy byłyby w tym wypadku zbędne), kawiarnię umieściłby zapewne gdzieś na końcu listy, jeśli w ogóle by to zrobił. Z tą instytucją wyrastał, uważa ją za coś naturalnego. Zawsze jest kawiarnia. Ale większość przybyszów z Anglii i Ameryki na pytanie, co im się najbardziej podoba we Francji – choć najpierw wyliczy krajobraz, kulturę, jedzenie albo cokolwiek jeszcze, najbardziej dla nich interesującego – prędzej czy później, często ze smutkiem, odpowie: „Oczywiście Francuzi są tacy szczęśliwi, że mają kawiarnie".

To prawda, że Brytyjczycy i Amerykanie mają swoje bary, swoje puby, swoje mniejsze i większe restauracje, nawet swoje staranne imitacje autentycznych francuskich kawiarni, z reklamami aperitifów z lat dwudziestych, z żółtymi popielniczkami firmowymi Ricarda, sandwiczami z bagietek i gazetami na patykach. Tylko we Francji jednak można znaleźć rzecz prawdziwą, tę szczególną kombinację dźwięków, tradycji i obsługi, atmosferę wytworzoną w ciągu stuleci. To, a nie wystrój, czyni z kawiarni kawiarnię. Naturalnie są one bardzo różne: na pozór Deux Magots w Paryżu niewiele ma wspólnego z wiejską kawiarnią w Luberon. Mimo wszystko łączy je parę uderzających podobieństw.

Po pierwsze, dają tam człowiekowi spokój; czasami, muszę przyznać, dłużej, niżby chciał, kiedy kelner jest rozdrażniony czy nietowarzyski. Ale każdy, kto coś zamawia, wynajmuje miejsce na tak długo, jak zechce. Nikt mu nie będzie stawał nad głową i czekał na następne zamówienie albo na zwolnienie stolika. Oczekują po nim, że się zasiedzi. Może przeczytać gazetę, napisać list miłosny, pomarzyć, zaplanować zamach stanu albo używać kawiarni jako biura i tu bez przeszkód załatwiać interesy. Znałem paryżanina, który z teczką przychodził do La Coupole każdego ranka punktualnie o dziewiątej i spędzał cały dzień roboczy przy jednym ze stolików od frontu, z widokiem na Bulevard du Montparnasse. Zawsze mu zazdrościłem biura z kelnerem i barem długości pięćdziesięciu stóp. W tamtych czasach, przed epoką telefonów komórkowych, w kawiarniach przyjmowano telefony do stałych bywalców, tłumaczono ich nieobecność albo zgodnie z instrukcjami umawiano ich na spotkania. Mam nadzieję, że w niektórych robi się to nadal, bo pomysł posiadania automatycznej sekretarki, podającej napoje, zasługuje na to, aby przetrwać.

Inną cudowną rzeczą, jaką zapewnia każda kawiarnia, niezależnie od wielkości, jest darmowa rozrywka, z rodzaju tych staromodnych, nieelektronicznych. Jeśli człowiek posiedzi dość długo, udając, że czyta, zostanie uraczony amatorskim popisem rewiowym. Obsada będzie głównie miejscowa, niekiedy gościnnie wystąpi osoba obca. (Na ogół grzecznie czekająca na obsługę. Bywalcy raczej wykrzykują zamówienia od drzwi, jeśli natomiast ich zwyczaje są już dość dobrze znane, mruknięcie i skinienie głową wystarczy, aby podano im to, co zwykli pić). Ktoś, tak jak ja, bardziej niż telewizją zainteresowany ludźmi, ma okazję przyjrzeć im się w kawiarni ukradkiem.

Podłoga będzie jeszcze wilgotna po porannym zmywaniu, gdy jako pierwsi zjawią się kamieniarze, ta sponiewierana ozdoba miejscowych przedsiębiorstw budowlanych. Głosy mają ochrypłe od papierosów i kurzu po wyburzeniu setek domów, odzież i buty jak po całodziennej pracy, ręce grube, palce umięśnione, ze skórą szorstką niczym papier ścierny od żonglowania dwustufuntowymi kamieniami, twarze zaczerwienione w zimie, spieczone latem. Zadziwia ich prawie ustawiczny dobry humor, choć pracują w ciężkich, często niebezpiecznych warunkach. Z chwilą, kiedy wyjdą i umilknie hałas, w kawiarni zapada jakaś nienaturalna cisza.

Niebawem jednak ich miejsca zajmują przedstawiciele wolnych zawodów, schludni w swych marynarkach i odprasowanych spodniach, z teczkami wypchanymi przed całodziennym siedzeniem przy biurku w Apt czy Cavaillon. W porównaniu z głośnymi kamieniarzami są cisi, poważni, zaabsorbowani interesami. Często spoglądają na zegarki, notują coś w bloczkach jakby z papieru milimetrowego, po każdym kęsie strzepują z klap okruchy croissantów. Wiadomo, że w ich biurach będzie panować idealny porządek.

Pierwszą tego dnia kobietą, która wchodzi do kawiarni, jest właścicielka salonu fryzjerskiego z pobliskiej wsi. Krótko podstrzyżone włosy ma w modnym kolorze ni to ciemnej henny, ni bakłażana. W domu długo je tapirowała, zanim osiągnęła pożądany efekt. Blask jej cery dobrze świadczy o firmie Lancôme, ona sama jest niezwykle bystra i ożywiona jak na tę wczesną, mglistą porę. Zamawia kawę *noisette* z odrobiną mleka, podnosi filiżankę, odstawiając mały palec z bakłażanowym paznokciem, a jednocześnie czyta wstępny artykuł w magazynie „Allo!" i marzy o tym, aby się dobrać do włosów księżnej Yorku.

Jej odejście w połyskliwych pantofelkach sygnalizuje, że zaczyna się okres spokoju. Jeszcze za wcześnie na alkohol, tylko kierowca ciężarówki, po wyładowaniu beczek z piwem, wypija urzędową szklankę – jedynie w tym celu, aby się upewnić, że jest odpowiednio chłodne i szczypiące. Odjeżdża z łoskotem, ocierając usta wierzchem dłoni, i pozwala kawiarni przygotować się na drugą poranną zmianę. Obsługa sprząta ze stolików, wyciera szkło do połysku, omija na pasmach częstotliwości ataki paraliżującej francuskiej muzyki rapowej.

Potem ruch znowu się nasila. Z grzecznymi ukłonami wchodzą nieśmiało dwie osoby, zajmują stolik pod oknem i otwierają przewodniki. Są w strojach rozważnych turystów: w kurtkach z kapturami na wypadek nagłej zmiany pogody i z tymi naroślami na brzuchach, zaprojektowanymi z myślą o zmyleniu kieszonkowców – woreczkami z czarnego nylonu, przypiętymi w pasie, ciężkimi od kosztowności. Po chwili wahania zamawiają wino i przepijają do siebie z lekkim poczuciem winy.

Choć dla nich ta przedpołudniowa pora może być za wczesna na picie, z pewnością jest odpowiednia dla kolejnych gości, czterech wioskowych seniorów, którzy razem mają ponad trzysta lat. Kelner przynosi im kubki różowego wina i karty do belotki. Przed rozpoczęciem gry cztery głowy w płaskich czapkach, obracają się jednak na żółwich szyjach, oczy lustrują obcych. Starzy mężczyźni należą do pokolenia przedturystycznego, więc często ich zaskakuje popularność Prowansji, niekiedy zaś mile dziwią ceny, jakie można uzyskać za nie używane stodoły i porośnięte krzewami, jałowe skrawki ziemi: ćwierć miliona franków za ruinę, pół miliona lub więcej za skromny dom. A potem kolejną fortunkę za urządzenia sanitarne i centralne ogrzewanie. *Putaing,* jakże ten świat się zmienił.

Czterech muszkieterów zabiera się do kart, a tymczasem pora już poznać główną atrakcję kawiarni, *madame la patronne*, kobietę w pewnym wieku, mocno wydekoltowaną, gustującą w kabłąkowatych kolczykach wielkości kół, na jakich siadują papugi. Skradłem ją z marsylskiego baru, gdzie patrzyłem, jak w wyraźnie obcisłych cętkowanych spodniach prezyduje na swoim terytorium, obdziela trunkami, sympatią i zniewagami grupę stałych bywalców. Oto, pomyślałem, kobieta stworzona do prowadzenia kawiarni. A szczęśliwym trafem na imię miała Fanny.

Trafność jej imienia wiąże się z ocienionym drzewami placem do gry w bule obok tarasu, inną skradzioną atrakcją. (Pierwotny plac można zobaczyć przy Lou Pastre Café w Apt). Każdego dnia, przy dobrej pogodzie, widzowie – sami eksperci – zasiadają na niskim kamiennym murku, aby wyrażać swe opinie na temat wyczynów graczy. Tę odmianę bule, zwaną *pétanque*, wymyślono, może przypadkiem, w La Ciotat przed prawie stu laty. Do tej pory gra polegała na rzucaniu kul w biegu, lecz owego pamiętnego dnia jeden z graczy stał nieruchomo, kiedy potoczył kulę, i miał zestawione stopy, czyli *pieds tanqués*. Nie wiadomo, czy ze zmęczenia, lenistwa, z powodu wrastającego paznokcia u nogi czy artretyzmu. Dość że to się przyjęło i nową technikę zaczęto od tej pory regularnie stosować na placu przy miejscowym barze.

A kto stał za barem? Nie kto inny, tylko pierwsza Fanny, dama obfitych wdzięków, przemiła i usłużna z natury. Jeśli w trakcie gry któryś z jej uczestników, doprowadzony do rozpaczy swym okropnym pechem, schodził z placu i wstępował do baru, otrzymywał nagrodę pocieszenia: całusa od Fanny. Z czasem weszło to do słownika grających. Dzisiaj, jeśli się usłyszy, jak któryś z mężczyzn na murku wzdycha i mówi: *Té, il a encore baisé Fanny*, wiadomo, że nie robi romantycznej uwagi, lecz komentuje niekorzystny wynik. Gdzieś na wystawie widziałem niedawno bule tak zaawansowane technologicznie, tak idealnie wyważone, że zgodnie z gwarancją miały być *Anti-Fanny*.

Wpływy współczesnej Fanny, władczyni wymyślonej przeze mnie kawiarni, sięgają daleko poza bar i plac do gry w bule. Jest nie tyle sporadyczną nagrodą pocieszenia, ile kimś znacznie ważniejszym, najbardziej zbliżonym do miejscowego psychiatry. Cierpliwie wysłuchuje swoich klientów, którzy zwierzają się jej z marzeń i trosk, podnosi na duchu, krzepi alkoholem. Występuje też w roli nieoficjalnego bankiera, udziela kredytu bądź nawet skromnych pożyczek, w przypadkach uzasadnionych i osobom godnym zaufania. W zamian za tę pociechę i usługi dostaje obfite transfuzje życiodajnej krwi: wiejskich plotek. Słucha o wszystkim, o sporach, kłótniach domowych, zakazanych związkach, nieoczekiwanych trafieniach na loterii. Starannie redaguje wiadomości, zanim przekaże je dalej, i osłania informatorów. Niczym dziennikarz, który tylko dyskretnie napomyka o źródle z otoczenia prezydenta, nigdy nie zdradza autora najnowszego przecieku; *on dit*, mówi najwyżej. To jednak na ogół wystarcza, aby pogłoska – niewidzialny mieszkaniec każdej wsi – pomknęła ulicami jak pies za piłką.

Z paroma wyjątkami wszyscy dorośli mieszkańcy wsi codziennie wstępują do kawiarni. Jeden z nich, prawie zadomowiony, zawsze siedzi na tym samym stołku przy końcu baru, koło drzwi, idealnie ulokowany, aby wciągać w zasadzkę nieostrożnych wchodzących. Jest nim Farigoule, emerytowany nauczyciel, który pracuje nad książką od czasu rozstania się ze szkołą przed ośmiu laty (chociaż, zważywszy na jego stałą obecność przy barze, nie wiadomo kiedy). Z kawiarni zrobił sobie klasę, a wchodzący, jeśli od razu nie umknie, będzie jego uczniem.

Jako jednoosobowa Académie Française, Farigoule stawia sobie za cel zachowanie języka francuskiego i głośno się oburza na to, co nazywa anglosaską kontaminacją mowy ojczystej, którą zalicza do wielu innych współczesnych tragedii. Obecnie za straszne zagrożenie – powinienem chyba nazwać to jego *bête noire* – lubi uważać szkodliwy i na pozór przemożny wpływ Hollywoodu. Zgodnie z przemyślaną opinią Farigoule'a za przemysłem filmowym kryje się szpiegostwo kulturalne, wymierzone przeciw Francji. Mimo to przyznaje, że obejrzał „Titanica" (raczej ze względu na skrywany podziw dla kości policzkowych Leonarda DiCaprio, jeśli wierzyć Fanny, niż na zainteresowanie tą historią). Zapytany, co sądzi o filmie, zrecenzował go krótko, lecz pozytywnie: „Statek zatonął i prawie wszyscy zginęli. Szalenie zabawne".

Prawie tak samo regularnie jak Farigoule odwiedza kawiarnię Tommi, tutejszy ekspatriant. Rodem z dalekiego, skandynawskiego kraju, przez całe lata usilnie się starał przeobrazić we francuskiego wieśniaka. Chyba jako ostatni z miejscowych mężczyzn pali gauloise'y bez filtra i opanował chłopską umiejętność pozostawiania w kąciku ust ćwierćcalowego peta, tak wetkniętego, że w trakcie rozmowy podskakuje mu na dolnej wardze. Tommi pija pastis, który zawsze nazywa *pastaga*, w kieszeni zaś nosi scyzoryk. Używa go do krojenia *steack frites*, dzień po dniu zamawianych w południe, i nieodmiennie stuka drewnianą rękojeścią w stolik, aby wydobyć stare, poczerniałe ostrze. Któż by pomyślał, że pochodzi z miłej drobnomieszczańskiej rodziny, zamieszkałej w Oslo?

Tommi podjął się roli pośrednika – kogoś w rodzaju specjalisty od dyplomacji wahadłowej – w zadawnionym sporze między braćmi Vial, właścicielami sąsiednich posiadłości w dolinie poniżej wioski. Ciemni, żylaści mężczyźni, o wąskich twarzach chartów wyścigowych, nie rozmawiają ze sobą od dwudziestu lat. Nie wiadomo, o co się poważnili. Może poszło o spadek, o wodę czy o kobietę albo po prostu wzajemna antypatia przerodziła się w przyjemną dla obu nienawiść. Dwaj Vialowie siedzą po przeciwnych stronach kawiarni, czasem wstają, jeden wyrzuca z siebie oskarżenia i obelgi, a Tommi powtarza je drugiemu, pojednawczo wzruszając ramionami i potakując z powagą, gdy ten odpowiada. Następnie wraca do pierwszego brata. Tutaj nazywa się to walcem trzech mędrców.

Wesołą rozrywkę zapewnia stałym bywalcom kawiarni burzliwe życie miłosne Josette, córki piekarza, dziewczyny, której stan uczuć można już w drzwiach ocenić na podstawie stroju. Jeśli aktualny romans się rozwija, Josette powoli wkracza do środka, na wysokich obcasach, w mikroskopijnej spódniczce, machając kaskiem jak trofeum. Przycupnięta na stołku barowym, czeka, aż uwodziciel przyjedzie swoim moto, tymczasem zaś szepcze na ucho Fanny, chichocze i podnosi do uszminkowanych ust *perrier menthe*. Jeśli natomiast prawdziwe uczucie chwilowo ochłodło, spódniczkę i wysokie obcasy zastępują drelichowe spodnie i espadryle, chichoty zamieniają się w rozdzierające westchnienia, a Fanny musi szukać za barem ligninowej chusteczki do otarcia łez.

Sprawy sercowe – chyba że, oczywiście, serce przestałoby bić, co byłoby okazją do kolejnego pogrzebu – nie wzruszają Mariusa. Dla niego chciałbym stworzyć oficjalne stanowisko w wiejskiej hierarchii – *entrepreneur de pompes funèbres,* czyli miejscowego nadzorcy pogrzebów. To mogłoby się przyczynić do nadania jakiegoś pozoru powagi jego zamiłowaniom, musiałby się jednak nauczyć subtelniejszego sposobu przemawiania do przyszłych klientów, zwłaszcza do Jacky'ego, najstarszego z karciarzy, grających przy sąsiednim stoliku.

– *Eh, mon vieux*, jak się dziś czujesz?

– *Ca va, ça va.* Dobrze.

– Szkoda.

To wystarczy, aby urazić wrażliwego człowieka, który pójdzie umierać gdzieś indziej, lecz po małym treningu Marius na pewno potrafiłby nie okazywać wrodzonego zapału do tego, co nazywa finalną uroczystością. Musiałby też zaniechać planów zorganizowania ostatecznego totalizatora. Zawodnikami, jeśli można by ich tak nazwać, byliby wszyscy mieszkańcy wsi po sześćdziesiątce piątce. Obstawiano by ich długowieczność, a zwycięzcom wypłacano by po pogrzebie gotówkę na grób. Zdaniem Mariusa nie jest to bardziej makabryczne od ubezpieczenia na życie, a ma tę dodatkową zaletę, że zwrot pieniędzy następuje od razu.

Czytelnik zdążył już może zauważyć brak równowagi między przedstawicielami obu płci, czyli znacznie większą liczbę klientów niż klientek. Gdzie są panie z St.-Bonnet?

Różne pokolenia trzymają się z dala od kawiarni z różnych powodów. Młodsze kobiety pracują, a po wyjściu z pracy sprzątają, płacą rachunki, zapędzają do łóżek dzieci, gotują obiad dla najstarszego z nich, czyli męża, który czeka w kawiarni, aż będzie mógł bezpiecznie wrócić do domu.

Starsze panie mają co do kawiarni dwa zastrzeżenia. Pierwsze budzi Fanny, którą uważają za *dragueuse,* trochę zanadto rozflirtowaną i swawolną jak na ich gust, z trochę za dużą częścią biustu wystawioną na pokaz. Drugie zaś świadomość, że funkcję nieoficjalnego komitetu porządku publicznego znacznie gorzej jest pełnić w kawiarni niż na skwerku u wjazdu do wsi. Tam, usadowione na krzesłach przed domem swej głównodowodzącej, wdowy Pipon, wszystko mają w zasięgu radarów: pocztę, *boulangerie*, kawiarnię, parking, merostwo, kościół. Dawno temu przestały udawać, że po prostu zażywają świeżego powietrza, choć jedna czy druga trzyma może w podołku symboliczną robótkę na drutach. Są tam po to, aby obserwować i komentować sprawy sąsiadów.

Tematu do rozważań dostarcza najdrobniejsza zmiana w codziennym trybie życia. Jeśli młoda gospodyni kupuje więcej pieczywa niż zwykle, musi to oznaczać gości. Kim są? Zatwardziały heretyk, idący do kościoła, musi mieć do wyznania jakiś pieprzny grzeszek. Jaki? Tutejszy pośrednik w handlu nieruchomościami zajeżdża przed merostwo czarnym mafijnym land cruiserem, ściskając w garści dokumenty. Na czyim domu próbuje położyć łapę? I – mon Dieu! – turyści. Te dziewczyny spacerują po ulicy w bieliźnie! Równie dobrze mogłyby być gołe! Tutaj, w samym środku St.-Bonnet-le-Froid, przyzwoitej wsi! Kiedy nic innego nie zaostrza ich ciekawości, starsze panie zawsze mogą się zająć mężczyznami i ich popijaniem w kawiarni, amorami Josette – „Ta to źle skończy" – albo dawnymi pogłoskami, nie potwierdzonymi, a przez to noszącymi rozkoszne cechy prawdopodobieństwa.

Komitet porządku publicznego jest częścią rodziny, więc musi być gotowy go zaadoptować ten, kto wybierze życie w małej, ciekawej społeczności, co jest jedną z ujemnych stron mieszkania na wsi. Raz, przed wieloma laty, podjęliśmy taką próbę, a wspomnienia pierwszych paru dni, spędzonych na nowym miejscu, są nadal świeże. Ledwie się wprowadziliśmy, nasze sąsiadki, niezamężne siostry, stanęły w progu i zapragnęły dokonać inspekcji. Zaglądały wszędzie, pytały, ile co kosztowało. Jacy jesteśmy szczęśliwi, powiedziały, że mamy jeden z nielicznych we wsi telefonów. Nazajutrz rano zjawił się ich brat, przeprowadził zaległe od trzech miesięcy rozmowy i zostawił pięćdziesiąt centymów na stoliku przy aparacie.

Znosiliśmy cierpliwie to, jak również wszystko, co nastąpiło później, bo jako cudzoziemcy za nic nie chcieliśmy nikogo urazić. Przecież zdecydowaliśmy się żyć z tymi ludźmi. Oni nas nie wybierali.

Na wsi zrozumieliśmy wkrótce, że za towarzystwo i większe wygody płaci się utratą prywatności. Twarz w oknie może się ukazać, a stukanie do drzwi rozbrzmieć o każdej porze i od tego nie ma ucieczki. Można się schować, ale uciec nie sposób. Oni wiedzą, że jesteś w środku. Wiedzą, bo okiennice są otwarte, a nikt nie wyjdzie z domu, jeśli ich przedtem nie zamknie. (Oczywiście zawsze mógłbyś wywieść ich w pole, zamykając okiennice i zostając w domu, ale to oznaczałoby życie w ciemnościach). Kontrolują twoje ruchy, przeglądają korespondencję, omawiają i analizują zwyczaje.

Na pewno nie tylko we Francji. Kto zamieszka na Hebrydach, w Vermoncie czy w wiosce pod Monachium, przekona się, że jest przedmiotem takiej samej fascynacji jako nowo przybyły, za którego ludzie będą go uważać przez dobrych pięć, dziesięć lat. Oczywiście niejednemu sprawia to przyjemność, ale nie mnie. Ja lubię chodzić tu i tam, pod warunkiem że po przejściu każdych pięćdziesięciu jardów nie muszę tłumaczyć, co robię. Lubię trochę intymności w życiu prywatnym. Z tej przyczyny wieś – nawet St.-Bonnet-le-Froid, mój ideał – jest dla mnie najprzyjemniejsza na odległość. Zawsze cudownie będzie tam pojechać. Nie chciałbym natomiast tam mieszkać.

Dziwne powody, dla których lubi się Prowansję

Na bocznych drogach Vaucluse nie sposób nie zauważyć dużego odsetka samochodów wcale nie pierwszej młodości. Plamiste i zardzewiałe, z silnikami w końcowych stadiach bronchitu, z dyndającymi rurami wydechowymi, sprawiają wrażenie niemal tak długowiecznych jak ich właściciele, życzliwi poczciwcy, najwyraźniej zdecydowani znosić mechaniczne idiosynkrazje swoich pojazdów. Kiedy zamieszkaliśmy tam po raz pierwszy, przypisywałem tę lojalność w stosunku do starego żelastwa wrodzonej oszczędności i niechęci do rozstawania się choćby z kawałkiem maszynerii, obojętne, jak rozklekotanej, dopóki da się ją kopniakiem czy namowami pobudzić do życia. Potem kupiliśmy samochód i zrozumiałem.

To nie oszczędność decyduje o przywiązaniu prowansalskiego samochodziarza do jego utykającego citroena z 1971 roku czy do zajeżdżonego peugeota z 400 000 kilometrów na liczniku. Tutaj nie chodzi o brak gotówki. W moim przekonaniu, wszystkie te zdezelowane stare gruchoty jeżdżą po drogach, gdyż zakup nowego samochodu bywa operacją tak irytującą, tak frustrującą i czasochłonną, że przy odrobinie zdrowego rozsądku nikt nie ma ochoty jej powtórzyć. Jak się okazało, nie wystarczy – nie całkiem wystarczy – ważne prawo jazdy i czek. Nabywca musi też udowodnić, że on czy ona oficjalnie istnieje, a samo pomachanie władzy paszportem to o wiele za mało. Żądają od niego innych dokumentów (zazwyczaj po jednym, toteż ustawicznie musi je donosić) na potwierdzenie, że prawo jazdy, książeczka czekowa i paszport nie są po prostu zręcznie podrobione. Nie wiedzieć czemu zakładają, iż fałszerz nie interesuje się rachunkami za telefon i elektryczność, więc w końcu wystarczy pokazać je i garść starych, zaadresowanych do nabywcy kopert. Ta droga może być jednak długa i męcząca, może wymagać wielkich sił witalnych i cierpliwości. Albo była taka, kiedy my musieliśmy ją przebywać przed siedmiu czy ośmiu laty.

Może coś się zmieniło, powiedziałem sobie, kiedy nadeszła pora wymiany naszego samochodu. To Nowa Europa błyskawicznie rozwijającej się wielonarodowej współpracy i wydajności, z fabrykami, które co roku produkują setki tysięcy samochodów. Te samochody trzeba sprzedawać. Mam po swojej stronie wielkie przedsiębiorstwa. A nawet jeśli nie, jeśli nic się nie zmieniło, przestałem być naiwniakiem. Wiedziałem, czego się spodziewać, toteż do salonu wystawowego przyszedłem w pełni przygotowany, ufny, że skompletowane papierki – cała normalna dokumentacja, wraz z zaświadczeniem, jaką mam grupę krwi, ze starymi biletami lotniczymi i noworoczną kartką od mojego księgowego – aż nadto wystarczą, aby mnie uwiarygodnić. Byłem przygotowany na wszystko prócz tego, co właśnie się wydarzyło.

Postanowiłem wesprzeć przedsiębiorstwo miejscowe i pojechać do dealera w Apt. Lokal, niewiele większy od biura, budził zaufanie. Na biurku szumiał i czkał komputer, na stelażach, ładnie porozkładane, leżały broszury, w powietrzu unosił się zapach świeżo wywoskowanego nadwozia, panowała nieskazitelna czystość. Jakimś sposobem na niewielkiej powierzchni zmieściły się dwa samochody, też wypolerowane na taki połysk, że strach było ich dotknąć. Oto, powiedziałem sobie, poważny dealer. Nowa Europa, nawet w Prowansji.

Gdzież jednak podziewa się dealer? Po paru minutach, kiedy zaczęła mi doskwierać samotność, zza stelaża z broszurami wychynęła kobieta i spytała, czego sobie życzę.

– Chciałbym kupić samochód – odrzekłem.

– Ach, *attends*. – Znikła. Upłynęło jeszcze parę minut. Zabrałem się do czytania trzeciej z kolei broszury, zahipnotyzowany wyborem tapicerki i zdalnie kierowanych schowków na rękawiczki, toteż ledwie rzuciłem okiem na tęgiego mężczyznę w kraciastej koszuli i płaskiej czapce, który wszedł z dziedzińca od frontu i stanął przy mnie.

– To pan rozgląda się za samochodem – powiedział.

Rzeczywiście, odparłem. Zdecydowałem się na model, wybrałem kolor i tapicerkę. Pozostawało tylko uzgodnić cenę i termin dostawy.

– *Ah bon.* – Pociągnął za czapkę. – Potrzebny panu sprzedawca.

– Przepraszam. Myślałem, że to pan.

– *Beh non.* Ja pilnuję frontowego dziedzińca. Sprzedawcą jest mój syn.

– W takim razie czy mógłbym z nim porozmawiać?

– *Beh non.* – Pokręcił głową. – Jest *en vacances.*

Dżentelmen w czapce nic nie mógł zrobić. Ale jego syn, sprzedawca, jak mnie zapewnił, wróci za jakiś tydzień, w dobrej formie i wypoczęty. Tymczasem, w drodze wyjątku – zważywszy na obecną cenę broszur i na to, że mają ich niewiele – mogę sobie tę zatrzymać i przeczytać w domu.

Był to albo cudowny przykład braku nachalności, albo piekielna niewygoda, zależnie od tego, jaki cierpliwy jest klient i jak na to patrzy. Jeśli chodzi o mnie, jeszcze raz uprzytomniłem sobie, dlaczego lubię mieszkać w Prowansji. Dziwne rzeczy widuje się wszędzie, a tylko jedną z nich jest najbardziej na świecie opieszały sprzedawca samochodów. Przed wyjazdem z Apt należało się pokłonić innej ciekawostce – stacji kolejowej.

Ten cofnięty od głównej drogi do Awinionu, kremowy budynek wzniesiono w zawrotnych dniach dziewiętnastowiecznej pomyślności, zanim pociągom zagroziła prawdziwa konkurencja ze strony samochodów i samolotów. Styl architektoniczny jest kolejowo-burżuazyjny – dwa solidne piętra, zwieńczone triumfalną, nieustraszoną ozdobą w kształcie okrągłego okna, zwanego wolim okiem, które spojrzeniem bez wyrazu ogarnia leżący naprzeciwko, po drugiej stronie ulicy, hotel „Victor Hugo". (Pokoje dla utrudzonych podróżnych po 175 franków za noc, włącznie z WC). Z dworcem sąsiaduje mały, dobrze utrzymany park, a na placu przed budynkiem zazwyczaj tłoczą się przyjeżdżające i odjeżdżające samochody i furgonetki. Panuje atmosfera pośpiechu, stosowna do miejsca, skąd wyrusza się w egzotyczne podróże do każdego zakątka Prowansji i dalej.

W rzeczywistości chodziło mi o dwie miejscówki na szybkobieżną kolej TGV z Awinionu do Paryża. Czy można, zapytałem dżentelmena w okienku, gdzie robiło się rezerwacje, kupić u niego bilety na całą tę trasę?

– Naturalnie – odrzekł, stukając w komputer, aby sprawdzić godziny odjazdów. – Stąd – dodał z dumą – mogę załatwić bilety do każdej miejscowości we Francji, a także do Londynu na Eurostar, choć tam jedzie się z przesiadką w Lille. Jaka pora by panu odpowiadała?

Wybrałem godzinę i spytałem, kiedy z Apt odjeżdża pociąg, który ma połączenie z TGV, wyruszającym z Awinionu. Oderwał się od komputera ze zmarszczką na czole, jakbym zadał wyjątkowo głupie pytanie.

– Nie można jechać stąd – wyjaśnił.

– Nie?

Wstał.

– *Venez, monsieur.* – Przeszedłem za nim na tyły budynku, gdzie otworzył drzwi, wychodzące na opustoszały peron, i machnięciem ręki wskazał to, co niegdyś było torem. Na próżno rozglądałem się za lśniącymi podwójnymi szynami kolejowymi, za światłami sygnalizacyjnymi, za pióropuszem pary na horyzoncie. Niestety, nawet najbardziej zdecydowany pociąg nie zdołałby się przedrzeć przez wysokie po pas chwasty, które prostą linią ciągnęły się w dal. Widocznie czasy Apt jako ważnego węzła kolejowego należały do zamierzchłej przeszłości. Dowiedziałem się jednak, że odpowiednio wcześnie zamówiwszy taksówkę, bez trudu dojadę na stację w Awinionie.

Obojętne, co się pomyśli o dworcu bez pociągów, ten jest przynajmniej otwarty przez cały dzień i prowadzi się tam ograniczoną sprzedaż biletów. Różni się więc od innych prowansalskich instytucji – i to wielu – otwieranych i zamykanych w porach na pewno oszałamiających i niezrozumiałych dla kogoś nieprzezornego. Rzeźnicy, *épiceries*, sklepy z towarami żelaznymi, kioski z gazetami, antykwariaty, butiki z odzieżą i sklepiki niemal wszelkiego rodzaju przestrzegają chyba jednej tylko stałej reguły. Niezależnie od tego, czy są otwarte od ósmej rano, czy dopiero od dziesiątej, zamyka się je w porze lunchu. Okiennice opadają w południe co najmniej na dwie godziny, często na trzy, w małych wioskach może nawet na cztery, zwłaszcza jeśli letnia spiekota wymaga przedłużenia sjesty.

I właśnie kiedy człowiek zaczyna się w tym dopatrywać jakiejś chaotycznej prawidłowości, zasady ulegają zmianie. Idzie kupić ser w sklepie, zawsze otwieranym punkt trzecia, i na pustej wystawie widzi tylko kartkę z zawiadomieniem o *fermeture exceptionelle*. Najpierw przychodzi mu na myśl śmierć w rodzinie właściciela, ale kiedy sklep jest wyjątkowo zamknięty już trzeci tydzień, dociera do niego, że sprawa jest niemal równie ważna – to doroczny urlop. Potwierdzenie uzyskuje po powrocie madame do pracy. Dlaczego nie wspomniała na kartce o planach urlopowych? Ach, bo informacja o dłuższej nieobecności mogłaby ośmielić włamywaczy. Kradzież sera to widocznie groźne prawdopodobieństwo w tych niebezpiecznych czasach.

Rytuał wiejskiego handlu jeszcze bardziej komplikuje się w sierpniu, kiedy miliony Francuzów opuszczają biura i fabryki, aby się rozkoszować wolną drogą i spokojem na łonie natury. Prowansja jest w lecie popularna, toteż większość miejscowych przedsiębiorstw nie przerywa działalności, licząc na zysk w pełni sezonu. Nie ma żadnych kłopotów z dostaniem czegoś do jedzenia, z kupnem napojów, pocztówek, ceramiki, pamiątek z drzewa oliwnego czy olejku do opalania. W razie gdyby ktoś potrzebował czegoś mniej typowego, czegoś, co bierze początek w tych opustoszałych biurach i fabrykach daleko na północy, powinien się jednak uzbroić w cierpliwość.

Przyjaciołom z Paryża, którzy przyjechali spędzić sierpień w swoim wiejskim domu, przepalił się stary czajnik elektryczny. Jako wierni z natury klienci, poszli po inny do sklepu, gdzie kupili ten pierwszy. I oto na wystawie, trochę zakurzony, ale na pewno nowy, stał właśnie taki czajnik, jakiego chcieli. W drzwiach już wyciągali książeczkę czekową.

Właściciel sklepu był skruszony, lecz stanowczy. Wyczerpał mu się zapas czajników, ponieważ zaś fabryka pod Paryżem jest w tym miesiącu zamknięta, dostawy spodziewa się dopiero w połowie września. *Désolé.*

Ależ, monsieur, powiedzieli nasi przyjaciele, ma pan na wystawie czajnik – unowocześnioną wersję starego, akurat taki, na jakim nam zależy. Co za szczęście! Weźmiemy go.

Właściciel nie chciał o tym słyszeć. Ten czajnik musi pozostać na wystawie, oświadczył, ze względów reklamowych. Bo skąd by ludzie wiedzieli, że sprowadzam wyroby akurat tej marki?

Żadne rozsądne argumenty nie trafiły mu do przekonania. Nie chciał wziąć starego czajnika w charakterze dekoracji zastępczej. Odrzucił propozycję, że zapłacą gotówką, której na ogół trudno się oprzeć. Czajnik, skromne świadectwo sierpniowych udręk, nadal zdobi wystawę i – o ile mi wiadomo – pokrywa się kurzem.

Sierpień to pod wieloma względami najtrudniejszy miesiąc w roku, nie tylko dlatego, że tłumnie napływają turyści. Tłoku łatwo uniknąć, nie da się natomiast uciec przed pogodą, która jest, jak powiadają farmerzy, *excessif* w następstwie upałów, nasilających się przez długie, suche dni lipca. Słońce, jakby całymi tygodniami nie zachodziło, nasącza wzgórza i kamienne domy, roztapia tłuczniową nawierzchnię, rozłupuje ziemię, brązowi trawę, leje się z nieba na głowę, przypieka włosy. Potem, pewnego dnia, tradycyjnie gdzieś w połowie miesiąca, powietrze gęstnieje, staje się ciężkie niczym syrop. W krzakach zapada nagła cisza, kiedy przestają cykać koniki polne, i ma się wrażenie, że okolica wstrzymuje dech w oczekiwaniu na burzę.

Ten moment ciszy i spokoju przed pierwszym trzaskiem pioruna to ostatnia okazja do przejścia przez dom, wyłączenia faksu, komputera, automatycznej sekretarki, wieży CD i telewizora. Kiedy już rozpęta się burza i błyskawice zaczną rykoszetować dokoła, prawie na pewno zostanie przerwany dopływ prądu. Przedtem jednak częstym zjawiskiem bywa ostatni, gwałtowny paroksyzm elektryczności – mściwy atak przyrody na zaawansowaną technologię – dość potężny, aby zamieszać w mózgu każdego czułego urządzenia. Zniszczył nam dwa faksy i automatyczną sekretarkę, u której uraz wywołał nieuleczalne jąkanie.

Na pociechę możemy zasiąść w pierwszym rzędzie i oglądać jedno z najwspanialszych na ziemi widowisk. Dolina pełni rolę monstrualnych wzmacniaczy, potęguje głuche pomruki grzmotu; wirują one po domu, a kończą się trzaskami, które grożą połupaniem dachówek. Błyskawica pląsa wzdłuż górskiej grani i przez krótką, olśniewającą chwilę każdy głaz, każde drzewo skąpane jest w świetle, ich kształty zaś rysują się na tle wieczornego nieba. Psy trzymają się blisko nas, tulą uszy po sobie, choć raz zadowolone, że nie są na dworze. Jemy przy świecach, wdzięczni za osłonę, jakiej dostarczają masywne ściany z kamienia, i obserwujemy oddalanie się burzy doliną, dopóki nie zniknie z dalekim pomrukiem i ostatnim błyskiem światła hen, wśród wzgórz Haute Provence.

W powietrzu wyczuwa się chłód, potem wilgoć, gdy spadają pierwsze duże krople deszczu, i raptem rozchodzi się upragniona woń mokrej ziemi. W parę sekund krople zamieniają się w strugi. Woda nieprzerwanie spływa z okapów, tworząc jakby płachtę, w żwirze tarasu drąży tunele, łamie rośliny, zatapia rabaty, odbija się na wysokość człowieka od ogrodowego stołu – dwumiesięczne opady w ciągu pół godziny. Deszcz ustaje równie nagle, jak lunął, a my taplamy się na tarasie, bo próbujemy podnieść przemoczony parasol, który przewrócił się podczas nawałnicy.

Następnego ranka niebo jest jak zawsze błękitne i pokazuje się słońce, więc świeżo obmyte deszczem pola zaczynają parować. Pod koniec dnia okolica znów sprawia wrażenie wysuszonej, jakby w ogóle nie było burzy. W domu natomiast pozostają po niej pamiątki w rurach, zbiornikach i kolankach instalacji wodociągowej. Podniesienie się poziomu wody gruntowej powoduje długotrwałe gulgoty. Zazwyczaj łagodne kurki dostają gwałtownych napadów kichania, wypluwają błotnistą wodę. Zaskakującemu procesowi podlegają odpady kuchenne – strzępy sałaty czy listki herbaciane – które biorą zły zakręt w rurach i trafiają do muszli klozetowej w ubikacji na parterze, co wprawia w lekkie zakłopotanie gości, przyzwyczajonych do normalnego funkcjonowania miejskiej kanalizacji. No, mówią, czegoś takiego nikt by nie oczekiwał.

Ale to zaledwie jedna z wielu małych niespodzianek, dzięki którym życie codzienne jest w Prowansji całkiem inne niż gdziekolwiek indziej na świecie. Zeszłego lata, po powrocie z niedzielnego targu w Coustellat, moja żona nie przestawała kręcić głową. Zwabiona do jednego ze straganów tacą z kwiatami *courgette,* pysznymi albo z nadzieniem, albo po usmażeniu w rzadkim cieście, zajadanymi ze smakiem o tej porze roku, poprosiła o pół kilo.

Nic nie jest jednak aż takie proste. Sprzedawca oderwał plastikową torebkę z rolki za stoiskiem.

– Służę, madame – odparł. – Męskich czy żeńskich?

Nie tak dawno temu jeden z naszych gości, który lubił opowiadać z przesadną gestykulacją, wylał sobie na spodnie kieliszek czerwonego wina. Następnego dnia zaniósł spodnie do pralni chemicznej. Madame rozłożyła je na ladzie, fachowym okiem obrzuciła plamy i zniechęcająco pokręciła głową. Może, orzekła, plamy da się wywabić, będzie to jednak zależało od wina. Spytała, czy pił châteauneuf, czy jedno z lżejszych czerwonych win z Luberon? Zdumiona, że nie pamięta, zrobiła mu krótki wykład na temat plamiących właściwości rozmaitych gatunków wina, zależnych od tego, ile dane wino zawiera taniny, i już miała przejść do poszczególnych roczników, kiedy przeszkodziło jej pojawienie się kolejnego klienta.

Na naszym przyjacielu wywarła wielkie wrażenie. Po powrocie do domu powiedział, że wylewał na spodnie wino w całej Europie i w kilku większych miastach amerykańskich. Ale nikt nigdy tak wnikliwie nie wypytywał o pochodzenie plam. Następnym razem, kiedy to się zdarzy, zapewnił, weźmie do pralni etykietę i może parę notatek z degustacji.

Prowansalczyk szalenie lubi radzić, dzielić się swą gruntowną wiedzą, prostować i przestrzegać przed popełnieniem omyłki. Jako cudzoziemca, który ośmiela się pisać o Prowansji, często ktoś zaciąga mnie w kąt, oskarżycielsko wymachuje mi palcem wskazującym przed nosem i koryguje moje błędy. Polubiłem te pouczające wymiany zdań na różne tematy, czy to najlepszego sposobu jedzenia melona, czy zwyczajów godowych dzików, czasami nawet miałem na potwierdzenie mych racji niezbite dowody. Ale je instruktor lekceważy lub zbywa machnięciem ręki. Nie pozwala, abym zamącił mu w głowie faktami, i musi mieć ostatnie słowo.

Ja z największym uporem dopuszczam się tego przestępstwa, że stawiam ostry akcent nad „e" w słowie „Luberon", co choć nieszkodliwe, wyraźnie wskazuje na brak wykształcenia i budzi sporą pogardę prowansalskiego purysty. Dostaję karcące listy, których autorzy powołują się na takich pisarzy, jak Jean Giono i Henri Bosco, polecają mi iść za ich wspaniałym przykładem i nie akcentować. Wreszcie monsieur Farigoule, samozwańczy profesor lingwistyki, skrytykował mnie za poprawianie cudzego języka. Na swą obronę sięgnąłem do podręcznej biblioteki.

Uważałem, że mam dość wybitnych i uczonych sprzymierzeńców. W słowniku Larousse'a, na mapach Krajowego Instytutu Geograficznego, w Słowniku Etymologicznym Nazw Rzek i Gór we Francji, na Michelinowskich mapach Vaucluse, wszędzie Luberon pisany jest z akcentem. Nie są to publikacje bezwartościowe, lecz poważne urzędowe zapisy, zebrane przez poważne, urzędowe osoby. Przynajmniej raz, pomyślałem, ostatnie słowo będzie należeć do mnie.

Skądże znowu. Kiedy wyrecytowałem mu tę listę, Farigoule ściągnął wargi i pozwolił sobie na jedno czy dwa wymowne, pogardliwe prychnięcia.

– Cóż – powiedziałem na koniec. – No i proszę. Larousse, Michelin...

– *Bof* – odparł. – Sami paryżanie. Co oni wiedzą?

Ach, biedni paryżanie. Są wprawdzie Francuzami, lecz uchodzą za cudzoziemców, więc zasługują na podejrzliwość i kpiny. Słyną ze swej buty, z protekcjonalnego stosunku do innych, z modnej odzieży, lśniących samochodów, z tego, że pieczywo kupują wyłącznie w piekarni, że po prostu są paryżanami. Pejoratywne określenie – *parisianisme* – które wkrada się teraz do tutejszego języka, oznacza podstępny i niepożądany sposób oddziaływania paryżan na pewne dziedziny życia w Prowansji, wręcz niedozwolone próby manipulowania przyrodą. W zeszłym roku opowiadano, że paryscy właściciele letnich domów w jednej z bardziej eleganckich wsi – nazwanej St. Germain Sud – skarżyli się merowi na hałas. Sjestę zakłócały im, jak twierdzili, nieznośne szmery, wydawane przez koniki polne. Czy można spać, kiedy te stwory tak głośno trą jedną nogą o drugą?

Łatwo sobie wyobrazić, że mer uznał to za *crise municipale* i, odłożywszy na bok mniej ważne sprawy, zorganizował brygadę łowców *cigale*, aby – uzbrojeni w siatki i opryskiwacze – na palcach przeczesywali zarośla, czujni i gotowi się rzucić na choćby najcichszej cykającego owada. Oczywiście wydaje się bardziej prawdopodobne, że mer zbył paryżan wzruszeniem ramion, którym w Prowansji zazwyczaj odpowiada się na trudne pytania czy śmieszne żądania. W wykonaniu miejscowych ekspertów wygląda ono tak:

Najpierw lekka rozgrzewka, zanim do akcji wkroczą główne części ciała. Pierwsze ruchy powinny się ograniczyć do ściągnięcia brwi i lekkiego przekrzywienia głowy. Oznaczają, że Prowansalczyk nie potrafi uwierzyć w głupotę, bezczelność bądź zwykłe nieuctwo swego paryskiego rozmówcy. Po chwili milczenia ten ponawia próbę, powtarza swoje i przygląda się Prowansalczykowi lekko poirytowany. Przypuszczalnie bierze go za głuchego albo za Belga, którego wyszukany stołeczny akcent wprawił w pomieszanie. Obojętne, co czuje, zaczyna słuchać z wytężoną uwagą. Właśnie wtedy należy go zniszczyć, na brednie odpowiedzieć serią płynnych, powolnych ruchów, zakończonych pełnym wzruszeniem ramionami.

Ruch pierwszy: wysunięcie szczęki, opuszczenie kącików ust.

Ruch drugi: całkowite uniesienie brwi, wysunięcie głowy do przodu.

Ruch trzeci: uniesienie ramion do płatków uszu, przyciśnięcie łokci do boków, wyciągnięcie rozczapierzonych dłoni.

Ruch czwarty (fakultatywny): wydanie krótkiego, szalenie stanowczego odgłosu – ni to puszczenie bąka, ni westchnienie – zanim pozwoli się opaść ramionom.

Te ruchy – nieomal ćwiczenie jogi – z pewnością widywałem setki razy. Mogą wyrażać sprzeciw, dezaprobatę, rezygnację czy pogardę i skutecznie kładą kres każdej dyskusji. O ile mi wiadomo, żaden gest nie jest zadowalającą odpowiedzią na wzruszenie ramionami. I dlatego każdy, kto tak jak ja niezbyt biegle włada francuskim, uważa je za bezcenne. Wzruszenie ramionami we właściwej chwili ma wielką wymowę.

Przekonałem się o tym niedawno, kiedy pojechałem do Cavaillon, zwabiony relacjami o gruntownej modernizacji toalet publicznych przy końcu Cours Bournissac. Pamiętałem je jako pomieszczenia dyskretne i podziemne, wilgotne zimą, a rozprażone latem; z pewnością funkcjonalne i nie jakoś wyjątkowo brzydkie, lecz bynajmniej nie dekoracyjne.

Zmiany, dramatyczne zmiany, widać tu już z daleka. Z wierzchu toaletę pokrywa okrągły klomb jaskrawych kwiatów. Na ich tle, z twarzą odwróconą od słońca, półleży naga kobieta, wyrzeźbiona w bladym, gładkim kamieniu. Niewątpliwie ma znaczenie symboliczne, może jakiś związek z silnym prądem wody i rozkoszami higieny. Tak czy inaczej, stanowi ładny i foremny dodatek do krajobrazu, obiecujący błogosławioną ulgę tym, którzy odważą się zejść na dół i skorzystać z innych udogodnień.

Jednym z nich jest człowiek, dziadek klozetowy, który w zamian za skromny napiwek skieruje gościa do odpowiedniego sektora toalety, zależnie od płci i potrzeby. To pierwsza niespodzianka. Drugą jest dobór urządzeń. We Francji, kraju, który lubi korzystać z wszelkich osiągnięć technologicznych, od concorde po elektroniczne zabijacze kretów, można by oczekiwać lśniącego pokazu nowinek w dziedzinie inżynierii sanitarnej – a już co najmniej automatycznie sterylizowanych kabin, kto wie, czy nie z ogrzewaczami sedesów na zimniejsze miesiące.

Zamiast tego zobaczy się kawałek historii ustępu: płaski porcelanowy brodzik, o bokach długości jakichś trzech stóp, z dziurą pośrodku, a po obu jej stronach dwiema prostokątnymi wypukłościami, na których człowiek staje. Czegoś takiego, we francuskich kręgach sanitarnych zwanego modelem *à la turque,* używa się od zarania współczesnej kanalizacji. Myślałem, że już się tego nie wyrabia i że wyszło z użycia wszędzie, jeśli nie liczyć zakątków Francji, gdzie nie dotarł marsz postępu. A jednak tam było, solidne, nowe i dziwnie nie pasujące do końca dwudziestego wieku.

Zanim wyszedłem, spytałem dziadka klozetowego, czy wie, dlaczego zamiast nowoczesnej muszli zainstalowano to prymitywniejsze urządzenie. Czy po to, aby sprawiać zawód wandalom? Aby odstraszać czytelników pism ilustrowanych i inne osoby, które z egoistycznych pobudek mogłyby długo zajmować kabiny? Czy dokonując wyboru, kierowano się względami estetycznymi? Czy tylko tęsknotą za dawnymi dobrymi czasami? Z takim samym skutkiem mógłbym go poprosić o wyjaśnienie zagadki życia. Wykonał ramionami pełny gest.

– *C'est comme ça* – odparł. Tak to już jest. Można się z tym zgodzić albo nie zgodzić.

Co może się podobać w tym katalogu prowansalskich cudactw, na ogół uciążliwych i jakby wymyślonych specjalnie po to, aby człowiek tracił możliwie najwięcej czasu? Coś, co w innych, sprawniej działających społeczeństwach zajęłoby pół godziny, można załatwiać i przez cały ranek. Ludzie odkładają umówione spotkania albo o nich zapominają. Najprostsze sprawy domowe chyba zawsze wymagają skomplikowanych rozwiązań. Prawie nic nie jest łatwe. Nieumiarkowany klimat często bywa zabójczy. Każdy przybysz, czy to paryżanin, Holender, Niemiec czy Brytyjczyk, niezależnie od tego, ile lat spędził w Prowansji, stale będzie uchodził tylko za osiadłego od dawna turystę. Nie są to atrakcje konwencjonalne.

Ja jednak je lubię, niemal wszystkie i niemal zawsze. Składają się na charakter tego miejsca i tych ludzi. Prawda, że z myślą o przyjezdnych wprowadzono trochę udogodnień – przybyło festiwali, małych hotelików, restauracji, wzrosła gotowość do stosowania nowej technologii. Nie ma, na przykład, nic niezwykłego w widoku telefonów komórkowych, przytkniętych do zakurzonych uszu traktorzystów w winnicach, toteż czasami zdaje mi się, że Prowansja stoi w rozkroku, jedną stopą tkwi w przeszłości, drugą bada temperaturę przyszłości. Nie dostrzegam natomiast, aby przez z górą dwadzieścia lat, od czasu, kiedy przyjechałem tu po raz pierwszy, coś zasadniczo się zmieniło.

Tempo życia nie wzrosło, nadal wyznaczają je pory roku. Na targach wciąż jeszcze sprzedaje się prawdziwą żywność, mimo dzisiejszej pasji do wyjaławiania i pakowania próżniowego. Okolice pozostają dzikie, nie pocięte przez pola golfowe, parki tematyczne czy kolonie spółdzielcze. W dalszym ciągu można się tutaj wsłuchiwać w ciszę. Przeciwnie niż tyle innych pięknych części świata, które wskutek postępu i łatwego dojazdu stały się hałaśliwe, przewidywalne i nijakie, Prowansja zdołała zachować swój niepowtarzalny koloryt i osobowość. Może to być rozkoszne albo irytujące, jak trudny, kłótliwy stary przyjaciel. Ale tak to już jest, nie ma rady. Można się z tym zgodzić albo nie zgodzić.

Przewodnik po Marsylii dla początkujących

Prócz Paryża przychodzi mi na myśl jeszcze tylko jedno miasto we Francji, które ma wyraźną osobowość i jest z niej znane na całym świecie. Jeśli się wspomni o Lille czy Lyonie, St.-Etienne czy Clermont-Ferrand, zapewne mało kto będzie miał na ich temat zdecydowane zdanie. Jeśli się wspomni Marsylię, właściwie każdy wypowie wyraźny, choć często powierzchowny, sąd o jej charakterze.

Według wszelkiego prawdopodobieństwa, niestety, to miasto w niczyich oczach nie będzie uchodzić za zdrowe. Burdy pijanych marynarzy na Canebière; podejrzane zachowanie w barach przy basenie portowym; ponure, stare więzienie Château d'If; wąskie boczne uliczki, gdzie po zmroku przybysz zapuszcza się na własne ryzyko; i podejrzenie, że wskutek Francuskiego Powiązania nie tylko ryby przechodzą z rąk do rąk podczas codziennego targu na Quai des Belges. Na ogół Marsylię postrzega się jako ordynarną, egzotyczną, dość niebezpieczną. Wyznawcami tego poglądu niekoniecznie są sami cudzoziemcy. Pamiętam, jak wiele lat temu ostrzegał mnie przed nią mój sąsiad Faustin. Był w Marsylii zaledwie raz w życiu i nie zamierzał powtórzyć tego doświadczenia. Zapytany, co go spotkało, tylko pokręcił głową. Powiedział jednak, że gdyby kiedyś miał tam wrócić, wziąłby strzelbę.

Mimo to nie ma miasta o równie romantycznych początkach. Według legendy – podtrzymywanej i bez wątpienia upiększanej, bo marsylczycy lubią dobre historie – powstało na fundamencie miłości. Pięćset dziewięćdziesiąt dziewięć lat przed Chrystusem fokijski żeglarz imieniem Protis wyszedł na brzeg akurat w porę, aby zdążyć na ucztę weselną, którą wyprawiał miejscowy król, imieniem Nann.

W czasie uczty córka królewska, Gyptis, jeden raz spojrzała na młodego żeglarza i uznała, że jest jej przeznaczony. Był to grom z jasnego nieba, *coup de foudre*, a w prezencie ślubnym król ofiarował szczęśliwym nowożeńcom pod budowę domu znakomity nadmorski teren o powierzchni stu pięćdziesięciu akrów. Tak narodziła się Marsylia. Od tej pory, przez dwadzieścia sześć stuleci, trwa ciągłość osadnictwa, liczba mieszkańców zaś wzrosła z dwóch osób do około miliona.

Podobnie jak miasto, jego mieszkańcy są w oczach krytyków *un peu spécial* – przy czym słowo „szczególny" nie ma tu zwykłego w języku angielskim, dodatniego znaczenia. Marsylczyka podejrzewa się o odstępstwa od prawdy, upiększanie opowiadanych historii i przesadę. Ciekawe, czy nie dlatego, że Marsylia to miasto ryb, a otoczenie rozbudza naturalny instynkt, nakazujący rybakowi poprawiać przyrodę. Tylko w morzu wokół Marsylii sardynki osiągają jakoby zawsze rozmiary młodych rekinów. Gdyby ktoś zapragnął zobaczyć takie cudo, dowiedziałby się, że pora nie jest odpowiednia, bo księżyc musi być w pełni. Gdyby poprosił o to akurat w tym czasie, zalecono by mu cierpliwość. Olbrzymie sardynki można dostrzec tylko wtedy, kiedy księżyc jest na nowiu. Gwoli sprawiedliwości należy dodać, że takiej radzie na ogół towarzyszy trącenie łokciem i porozumiewawcze mrugnięcie, nikt też nie oczekuje potraktowania jej na serio. Niemniej jednak opinia krytyków się nie zmienia. Powiedziano mi, że jadący do Marsylii powinien się uzbroić w sceptycyzm i często odnosić się z nim do tego, co słyszy.

O ile, rzecz prosta, to zrozumie. Marsylia nigdy nie lubiła myśli o podporządkowaniu się poleceniom centralnego rządu i od dawna buntowała się przeciw urzędnikom w Paryżu, nawet przeciw ich pompatycznemu sposobowi mówienia. W rezultacie usilnie się stara nie używać urzędowej francuszczyzny. Po części osiąga to za pomocą akcentu, a na skutek pewnej niechlujności wymowy nawet znajome słowa brzmią jak zamarynowane w gęstym lingwistycznym sosie. W zetknięciu z obcymi wyrazami i typowymi dla Marsylii kalamburami człowiek się zastanawia, czy nie porwały go wiry nowego języka.

Oto jedno z wielu zdań, z którym nie mogłem sobie poradzić, dopóki na moją prośbę go nie napisano: *L'avillon, c'est plus rapide que le camillon, même si y a pas de peuneus.* Samolot jest szybszy od ciężarówki, nawet jeśli nie ma opon. Zdanie po francusku dość proste, w marsylskiej marynacie staje się niezrozumiałe. Wyobraźcie sobie trudności, jakich przysparza zdanie, będące miejscowym wynalazkiem, na przykład: *Il est un vrai cul cousu.* W grzecznym tłumaczeniu to mężczyzna pozbawiony poczucia humoru, bardzo rzadko uśmiechnięty. W przekładzie bardziej dosłownym, mężczyzna z zaszytym zadkiem. Jeśli biedaka o ponurym usposobieniu ludzie uważają w dodatku za mocno pomylonego, *Il est bon pour le cinquante-quatre*, czyli ich zdaniem powinien pojechać tramwajem 54, który miał przystanek przed dawnym szpitalem dla umysłowo chorych.

Nawet imiona, z miłością wybierane dzieciom przez rodziców, też nie są w Marsylii czymś świętym. Czy chce, czy nie, André zostaje Dédou, Francis – Sissou, Louise – Zize. Dzieci nauczą się z czasem używać słów, których prawdopodobnie nie usłyszy się nigdzie indziej we Francji, takich jak: *momo i mafalou, toti i scoumougne, i cafoutchi.* Jest to język w obrębie języka, niekiedy bardzo zbliżony do dawnych dialektów prowansalskich, niekiedy zapożyczający od imigrantów, przez stulecia przybywających do Marsylii z Włoch, Algierii, Grecji, Armenii i Bóg wie skąd jeszcze. Gulasz mowy, zawiesisty i niejednokrotnie ostry, na pewno zdolny wprawić nowo przybyłego w oszołomienie.

Zanim to się stanie, należy pokonać pierwszą przeszkodę i znaleźć centrum miasta. Najprostszy i najefektowniejszy jest dojazd drogą morską, co do której przypuszczalnie każdy zgodziłby się z Madame de Sévigné, „przytłoczoną niezwykłym pięknem tego miasta". Z łodzi byłoby widać wszystko: porządny, prostokątny kształt starego portu, rozrośnięte miasto, a wysoko w górze błysk złota, bijący od posągu Notre Dame de la Garde. Jeśli się jednak przyjeżdża drogą lądową, tak jak my, miasto nie robi na pierwszy rzut oka wrażenia szczególnie pięknego. Peryferie dzisiejszej Marsylii nie są tym, co miała na myśli Madame de Sévigné; są ponure. Ruch uliczny odbywa się na kilku poziomach, pojazdy wpadają i wypadają z tuneli, mkną dwupoziomowymi estakadami wśród tego rodzaju architektury, że w człowieku budzą się niszczycielskie instynkty.

W końcu to raczej szczęściu niż znajomości miejscowej geografii zawdzięczaliśmy odnalezienie starego portu, gdzie widok natychmiast zmienił się na lepszy. Zawsze jest jakaś magia w przyjeździe do nadmorskiego miasta – po wydostaniu się z zatłoczonych ulic nagle można popatrzeć daleko, aż po horyzont, powietrze już nie pachnie spalinami, lecz świeżą słoną wodą, a w Marsylii rybaczki głośno zachwalają swój towar.

Stoją po wschodniej stronie portu mniej więcej od ósmej rano, w gumiakach, wysmagane przez wiatr, i wykrzykują zza płytkich skrzynek o rozmiarach stolików. Połów dzienny, ryby często jeszcze żywe, rzucające się, migoczące w słońcu, srebrne i szare, niebieskie i czerwone, niekiedy z wyrzutem spoglądające w górę na przechodnia. Wystarczy na sekundę przystanąć, a madame – wygląda na to, że łowią mężowie, sprzedają żony – już bierze rybę i podsuwa pod nos.

– Proszę – mówi. – Zapach morza! – Z uznaniem wymierza klapsa drgającej rybie. – Mam chyba źle w głowie – podejmuje – żeby sprzedawać żywą w cenie śniętej! Ryby są dobre na mózg, dobre na kochanie, *venez, la mamie, venez!* – Klienci patrzą, pociągają nosami, kupują, odchodzą ze swoimi niebieskimi plastikowymi torbami, z ich wciąż trzepoczącą się zawartością, i starają się je trzymać z daleka od siebie.

W porcie za straganami, na wodzie, ruchoma mozaika łodzi, zacumowanych jedna tuż przy drugiej, tak że można by bez zamoczenia nóg oddalić się o kilkaset jardów od brzegu. Pływające knajpy, łódki wycieczkowe, wdzięczne jachty z połyskiem wielu warstw farby i pękate promy, które przewożą na położoną o jakąś milę od lądu, niegościnną wysepkę o złej sławie.

Tu, w szesnastowiecznym więzieniu Château d'If, będącym wcześniejszą wersją Alcatrazu, trzymano w bezpiecznej odległości od miasta osoby niepożądane. Dla więźniów czyste morskie powietrze było słabą pociechą, codzienną udrękę musiał natomiast stanowić widok Marsylii – malowniczy widok wolności – po drugiej stronie wody. Takie tło mogłoby być wymysłem autora powieści, toteż nic dziwnego, że najsłynniejszy więzień Château d'If, hrabia Monte Christo, w ogóle nie istniał. Został stworzony przez Aleksandra Dumasa-ojca, który dożył upamiętnienia swego bohatera, gdy władze, nie chcąc rozczarowywać czytelników, urządziły hrabiemu oficjalną celę. Nie brakowało jednak prawdziwych więźniów. W pewnym momencie trzymano tu tysiące protestantów, zanim zesłano ich na galery. Dla zilustrowania równie wielkiej wówczas, jak częstokroć dziś absurdalności prawa można przytoczyć przykład nieszczęsnego monsieur de Niozelles. Popełnił niesłychaną zbrodnię, bo nie zdjął przed królem kapelusza, co wywołało wstrząs i przerażenie, po czym został skazany na sześć lat izolatki na wyspie. Nic dziwnego, że monarchia we

Francji źle skończyła.

Uważając krótką poranną wycieczkę morską za coś orzeźwiającego, poprosiliśmy w biurze na nabrzeżu o bilety na prom. Młody człowiek ledwie uniósł głowę znad lady.

– Nie dziś rano – powiedział. – Pogoda.

Pogoda wydawała się idealna, bo było słonecznie i nie za gorąco. Prom za plecami młodzieńca wyglądał na dość mocny, aby znieść przeprawę przez Atlantyk, cóż dopiero przez tę taflę szkła między nami a Château d'If.

– Co z pogodą? – zapytaliśmy.

– Mistral.

Wyczuwaliśmy zaledwie nieśmiały podmuch, nic więcej. Na pewno nie zapowiedź groźnej burzy.

– Ale mistral nie wieje.

– Powieje.

– Więc po co pan tu siedzi?

To wywołało pierwsze w tym dniu wzruszenie ramionami, którego nie można odeprzeć argumentem. Zanim zeszliśmy z nabrzeża, zatrzymał nas drobny, ciemny człowieczek, w podnieceniu kiwający na moją żonę palcem.

– Proszę go schować. – Wskazał na przewieszony przez jej ramię aparat fotograficzny. – I włożyć do torby. Jesteśmy w Marsylii.

Rozejrzeliśmy się za bandami złodziei aparatów, za rozrabiającymi marynarzami na przepustce, za samochodami szefów podziemia, ukrytych za ciemnymi szybami, za jakąkolwiek oznaką zagrożenia. Nie dostrzegliśmy żadnej. Słońce przygrzewało, ludzie tłoczyli się w kawiarniach, sunęli chodnikami w tym zwolnionym tempie, charakterystycznym dla miast śródziemnomorskich, gdzie nikt nie sprawia wrażenia zapędzonego. Marsylski typ przechodnia ma nieraz grubszą warstewkę tłuszczu niż jego odpowiednik na wsi; przez pół godziny zobaczyliśmy więcej imponujących brzuszysk niż normalnie przez tydzień. Różni się też od niego karnacją, wiele twarzy jest w rozmaitych barwach afrykańskich, od kawy z mlekiem do intensywnej, lśniącej czerni Senegalu.

Skręciliśmy na Canebière, szeroki bulwar, wiodący na wschód od portu, ongiś Pola Elizejskie południa. Teraz podzielił los wielu wspaniałych alei na całym świecie i przestał być atrakcją dla osoby niezbyt zainteresowanej biurami banków, linii lotniczych lub agencji turystycznych. Kto jednak pójdzie dalej i skręci w lewo, w Boulevard

Dugommier, dotrze w końcu do czegoś, co figuruje w każdym przewodniku, mianowicie do dworca Saint-Charles. Albo raczej do schodów, prowadzących w dół – szerokich, dziewiętnastowiecznych, fantazyjnych schodów, schodów z dekoracji do filmu, ozdobionych posągami, które przedstawiają Azję i Afrykę. Miejsce nadaje się idealnie, aby stąd z dostojeństwem wkroczyć do Marsylii, jeśli nie dźwiga się ciężkich walizek. Jeżeli ktoś się śpieszy albo nie czuje nóg, może tu dać nura pod ziemię i wypróbować marsylskie metro.

Ilekroć próbowałem się połapać w systemie przewozów podziemnych, prawie zawsze spotykały mnie niepowodzenia. Potrafię się zgubić i rzeczywiście od razu się gubię w trzewiach Londynu, Nowego Jorku czy Paryża. W systemie marsylskim natomiast, nawet człowieka z pustką w miejscu, gdzie powinien mieć zmysł orientacji, uderza rozkoszna zwięzłość i prostota. W piętnaście minut po odjeździe z dworca znaleźliśmy się na południe od starego portu i powędrowaliśmy Corniche w stronę, gdzie można zjeść lunch.

Ten spacer uważam za jedną z najprzyjemniejszych w życiu przechadzek po mieście. Nad nowoczesnym zarysem Marsylii na tle nieba migały czasami złote przebłyski Notre Dame de la Gare. Morze rozpościerało się tuż pod nami, otwierały się cudowne widoki na wyspy Frioul, powietrze było balsamiczne. Na pochyłych stopniach skalnych między drogą a morzem leżały wyciągnięte postacie, opalające się w słońcu babiego lata. Jeden mężczyzna, jakby całkiem nagi, jeśli nie liczyć gumowego czepka kąpielowego, płynął żabką, blady w ciemnoniebieskiej wodzie. Bardziej przypominało to czerwiec niż październik.

W linię brzegową powgryzały się tutaj małe zatoczki, czyli *anses*, o nazwach nie zawsze uspokajających. Anse de Maldormé przywodzi na myśl kolonię ludzi dotkniętych bezsennością, ich sąsiedzi, fałszerze, ulokowali się niedaleko, nad Anse de la Fausse Monnaie. My wybieraliśmy się nad Anse des Auffes (wielce poważanych powroźników), z jej renomowaną restauracją o ujmującej nazwie Chez Fonfon. Tam, jak nam powiedziano, jada się ryby tak świeże, że mrugają do gościa, kiedy je kelner podaje.

Po zejściu z Corniche nad Anse des Auffes, poczuliśmy się nie jak w mieście, lecz jak w miniaturowej wiosce rybackiej. Do małego pomostu podpływały łodzie. Dwoje dzieci kopało piłkę między stolikami a krzesłami na tarasie restauracji. Optymista, z aktówką na ziemi, przy nodze, stał na nabrzeżu z wędziskiem i linką zanurzoną w kałuży płytkiej wody, tęczowej od oleju napędowego. Był dzień prania, więc z fasad domów zwieszała się festonami bielizna – powiewała jak flagi, jaskrawoczerwone, fioletowe i zielone, tu i ówdzie przedzielone plamami w bledszym, stateczniejszym kolorze ciemnej brzoskwini. Dlaczego sznury z praniem są barwniejsze na południu niż na białej i pastelowej północy? Czy na bieliznę, tak jak na tyle innych rzeczy, wpływa klimat? Coś tak krzykliwego i ekstrawersyjnego byłoby nie do pomyślenia w Manchesterze czy w Scarsdale.

Po oślepiającej bieliźnie wnętrze Chez Fonfon wydawało się przygaszone i zwyczajne; sporych rozmiarów miła sala, której nikt nie starał się w sposób widoczny nadać określonego stylu. Zresztą klientów zanadto pochłaniały karty dań, aby zwracali uwagę na wyrafinowane dekoracje. Przyszli tu na ryby.

Gdyby ktoś kiedyś jednym tchem mówił o Marsylii i rybach – przynajmniej na południu Francji – niech się ma na baczności. Gdzieś w pobliżu znajdzie się znawca *bouillabaisse* i on czy ona nie spocznie, dopóki nie przekona rozmówcy o zaletach i niewątpliwej wyższości jednego przepisu nad innym. Oficjalna gwarancja użycia odpowiednich składników, *Charte de la Bouillabaisse,* wisi przed poważnymi restauracjami w całej Marsylii. Parę mil dalej wzdłuż wybrzeża, w Tulonie, marsylską kartę potraktowano by jednak z nie większym szacunkiem niż kwit parkingowy. Rzecz tkwi w ziemniaku.

W Tulonie w *bouillabaisse* muszą być kartofle; w Marsylii świętokradztwem byłoby je dodać. Zdania są równie podzielone co do homara. Jest w zupie czy go nie ma? Zależy gdzie. Kiedyś kres wszelkim dyskusjom położy Komisja Praw Człowieka w Brukseli, przewodnik Michelina albo minister spraw wewnętrznych (który na pewno odpowiada za żołądek) w Paryżu. Zanim to nastąpi, podam najmniej sporny przepis na *bouillabaisse,* którą gotuje się przy zastosowaniu następujących podstawowych metod i z takich oto składników:

Po pierwsze i najważniejsze, ryby muszą być świeże, wyłącznie śródziemnomorskie. (Restauracje w Tokio, Nowym Jorku i Londynie kłamliwie obiecują *bouillabaisse* w swoich kartach). Mogą należeć do różnych gatunków, jedna natomiast jest nieodzowna: *racasse,* rzeczywiście okropna z wyglądu, o twarzy, zdolnej wzbudzać jedynie macierzyńskie uczucia, tradycyjnie gotowana i serwowana wraz z tym szkaradnym łbem. Nie po to, aby się jawić w koszmarnych snach, lecz z uwagi na mięso z policzków, rzekomo najlepszy kąsek.

Choć reszta *racasse* jest dosyć mdła, zdaniem ekspertów wydobywa smak ze swoich towarzyszek, gdy razem z nimi gotuje się na wolnym ogniu w zupie przyprawionej szafranem i czosnkiem.

Zupa i ryba pojawiają się na stole osobno, zupa z grzankami, ryba z *rouille*, ostrą, rdzawą pastą z oliwy, chili i czosnku. Ta pikantna mieszanina przypraw i morza najpierw smakuje wyśmienicie. Długofalowe skutki spożycia tak ogromnych ilości czosnku mają niewątpliwie charakter antyspołeczny, więc ufaliśmy, że tego popołudnia nie zwrócimy na siebie w wąskiej uliczce uwagi żadnego opryszka; jedno dobrze wymierzone chuchnięcie wystarczy, aby się zsechł lub umknął.

Te uliczki, które postanowiliśmy zwiedzać, znajdowały się w Le Panier, najstarszej dzielnicy Marsylii. Dawniej mieszkało tam dwadzieścia tysięcy osób, lecz podczas drugiej wojny światowej dużą jej część wysadzili w powietrze naziści, gdy zdali sobie sprawę, że chronią się tam uchodźcy żydowscy i członkowie ruchu oporu. Pozostała plątanina stromych, wąskich uliczek, nieraz wybrukowanych zdecydowanie nonszalancko, nieraz tworzących stopnie i po obu stronach zabudowanych domami malowniczo obdrapanymi. Samochody należą tu do rzadkości; widzieliśmy tylko dwa. Pierwszy wyjechał z zaułka, węsząc jak pies, który się zgubił; ledwie kierowca się zorientował, że jest za wąsko na skręt w lewo lub w prawo, musiał wycofać się do tyłu. Drugi wóz utkwił mi w pamięci, bo był wprost nieprawdopodobnie zaparkowany.

Mijaliśmy wyjątkowo wąski dom, szerokości zaledwie pokoju, więc zajrzeliśmy przez otwarte drzwi. Jedna strona umeblowana była normalnie, z dywanem, stołem i krzesłami. Trzech członków rodziny oglądało telewizję. Drugą stronę wypełniał pięknie wyglansowany citroen. Fakt, że nie największy, lecz dość duży. Mimo to zdołał się przecisnąć przez drzwi i zaparkować, nie niszcząc mebli. Zastanawiałem się, jak długo tu stoi i czy czasami wypuszczają go na przejażdżkę.

Pewnie właściciele zamknęli go w salonie z uwagi na bezpieczeństwo w tej niebezpiecznej, jak nam powiedziano, dzielnicy. Ale znów zła opinia o Marsylii okazała się bezpodstawna. Dzieci i starsze panie gromadnie wyległy na dwór, najwyraźniej nie bojąc się o swe życie. Wiele domów miało drzwi i okna szeroko pootwierane, parę zamieniono na malutkie restauracje czy *épiceries*. Było raczej uroczo niż niebezpiecznie, krzywdę zaś mogła wyrządzić jedynie piłka, którą od czasu do czasu ktoś kopał.

Dotarliśmy do końca rue du Petit-Puits, skąd po raz pierwszy roztoczył się przed nami widok jednego z najszczęśliwszych i najelegantszych zabytków Marsylii, bladego, różowego kamiennego masywu La Vieille Charité. Zaprojektowane przez Pierre'a Pugeta, a wzniesione w siedemnastym i osiemnastym wieku budynki miały zrazu zapewniać dach nad głową marsylskim bezdomnym, którzy pewnie z taką ulgą znajdowali w nich schronienie, że nie dostrzegali, jaki to jest cud architektury: rozległy czworobok, długości prawie stu jardów, a szerokości pięćdziesięciu, otoczony trzema piętrami arkad, z widokiem na wspaniałą kaplicę o owalnej kopule.

We wczesnym okresie swych dziejów, niezależnie od nazwy, wcale nie spełniał dobroczynnej roli. Mieszkańców siedemnastowiecznej Marsylii – a przynajmniej tych, którzy mieli dach nad głową i pieniądze w kieszeni – niepokoili licznie krążący po ulicach żebracy i włóczędzy, bo jakoby wywoływali rozruchy i popełniali przestępstwa. Miastu potrzebna była własna brygada policji, toteż zaangażowano sierżanta i dziesięciu łuczników, odziano ich na czerwono, kazano im urządzać obławy na ludzi, pozbawionych środków do życia i niezdolnych udowodnić, że pochodzą z Marsylii, a następnie wsadzać ich do więzienia. Te obowiązki policja wypełniała z takim entuzjazmem, że w 1695 roku stłoczyła w La Charité tysiąc dwieście osób obojga płci. Zagnane do pracy pod kierunkiem uzbrojonych nadzorców, od czasu do czasu mogły wychodzić pod silną strażą i uzupełniać liczbę żałobników w konduktach pogrzebowych.

Po rewolucji instytucja stała się bardziej miłosierna. Przez stulecia udzielała schronienia czasowym lokatorom, których lista jest długa i smutna: ludziom starszym, nędzarzom i sierotom, rodzinom wysiedlonym na skutek rozbudowy miasta, wreszcie wyeksmitowanym przez nazistów dynamitem. Później, po zakończeniu wojny, La Charité pozwolono niszczeć.

Doprowadzenie jej do obecnego nieskazitelnego stanu wymagało ponad dwudziestu lat mądrych prac renowacyjnych. Może dlatego, że jechaliśmy wąskimi, cienistymi ulicami, nieomal przytłoczyło nas wrażenie światła i przestrzeni, kiedy stanęliśmy w tym czworoboku. Chwila sprzyjała raczej patrzeniu niż rozmowie. W monumentalnej architekturze jest coś, co każe człowiekowi zamilknąć, toteż nikt z tych trzydziestu, czterdziestu osób, wędrujących pod arkadami, nie odzywał się głośniej niż szeptem. Nie całkiem trwożnym, lecz prawie.

Dowiedzieliśmy się, że przypadkiem wybraliśmy na zwiedzanie spokojny dzień, posezonową przerwę w programie imprez i wystaw. Mimo ich braku w tamtejszym Muzeum Archeologii Śródziemnomorskiej i znakomitej księgarni z łatwością można by spędzić resztę popołudnia.

Spacerkiem wróciliśmy do portu i nowszej budowli, Le New York, *brasserie* z tarasem, z którego można oglądać wspaniały marsylski zachód słońca. Dzień był za krótki i tylu rzeczy nie zdołaliśmy zobaczyć: Château d'If, z uwagi na pogodę (przez cały dzień znakomitą); licznych muzeów; dziesiątków pięknych starych budowli, ukrytych wśród wieżowców; katedr (jedna z nich wspiera się na 444 marmurowych kolumnach); baru De la Marine, w którym bohaterowie „Mariusa" Pagnola grali w karty; Château du Pharo, zbudowanego przez Napoleona III dla żony; i marsylskiego żołądka, Marché des Capucins.

Dzień spędzony w mieście przypomina wprawdzie łyk pociągnięty z beczki, ten jednak wystarczył, abyśmy zapragnęli wrócić na dłużej. Marsylia może być nieokrzesaną staruchą o wątpliwej reputacji, lecz ma dużo wdzięku i ślady wielkiej urody pośród współczesnej szpetoty. Podoba mi się też jej osobowość, niezależność i odrobina zarozumialstwa, a mój podziw budzi zwłaszcza bezczelność, z jaką przywłaszczyła sobie zarówno francuski hymn narodowy, jak najpopularniejszy aperitif w Prowansji.

„Marsyliankę", to poruszające wezwanie do dzieci ojczyzny, w rzeczywistości skomponowano w Strasburgu jako pieśń wojenną armii Renu. Podchwyciło ją i śpiewało pięciuset ochotników z Marsylii, maszerujących do Paryża, gdy zaś dotarli do stolicy, oczywiście stała się już *la chanson marseillaise*. (Gwoli sprawiedliwości, ten tytuł znacznie lepiej niż „La Strasbourgeoise" pasuje do najważniejszej pieśni francuskiej).

Nie tak dawno temu Paul Ricard, z czasem najsłynniejszy i najbardziej pretensjonalny marsylski potentat przemysłowy – kiedyś zawiózł tysiąc pięciuset swoich pracowników do Rzymu, aby otrzymali papieskie błogosławieństwo – jeszcze jako młody człowiek postanowił wyrabiać swój własny gatunek pastisu. Pomysł nie był oryginalny. Gorzelnia Pernoda koło Awinionu przestawiła się na pastis, kiedy w 1915 roku zakazano produkcji absyntu, wywołującego groźne uzależnienia. Ale i Pernod nie wymyślił pastisu; według legendy zrobił to pustelnik. Jak na ambitnego, towarzyskiego pustelnika przystało, zabrał swój wynalazek i otworzył bar – naturalnie w Marsylii. To Ricardowi jednak, z jego talentem do reklamy i marketingu, trunek zawdzięcza śródziemnomorski rodowód. On, i tylko on, wyrabiał coś, co nazywał *le vrai pastis de Marseille*. Lansował ten zwrot, jakby był gwarancją autentyczności towaru. I z dobrym skutkiem. Teraz sprzedaje się trochę ponad pięćdziesiąt milionów butelek rocznie.

Ostatnia historyjka, ilustrująca niezależnego ducha Marsylii: miasto przez wiele lat grało na nosie władzy centralnej, podówczas w osobie Ludwika XIV, aż dostało nauczkę. Zrobiono wyłomy w murach fortecy i armaty, broniące Marsylii przed atakiem od strony morza, zwrócono przeciw mieszkańcom, których uznano za groźniejszych niż jacykolwiek najeźdźcy.

Nie wiem, dlaczego z przyjemnością myślę, że marsylianie nadal tu są, buntowniczy jak zawsze, a królów dawno już nie ma.

Jak zostać wąchaczem?

O godzinę jazdy na północ od Apt leży Górna Prowansja. Tu rozgrywała się akcja powieści Jeana Giono, który czasem widział Haute Provence w ciemnych, nieciekawych barwach. Opisywał ją niezbyt zachęcająco: „Domy do połowy pozapadały się w ziemię. Na zarośniętych pokrzywami ulicach wiatr wyje, zawodzi i wygrywa swoją muzykę w oknach bez okiennic, w pootwieranych drzwiach".

Możliwe, że ze względów literackich pisarz wyrażał skrajny pogląd, lecz dobrze uchwycił charakter tego miejsca – dzikiego, pustego i surowego. Dla przybysza z zadbanego, ładnego Luberon, z jego wsiami jak z pocztówek, starannie odnowionymi domami, sadami czereśniowymi i równymi rzędami winorośli, jest to jakby inny świat, z wielkimi, opustoszałymi i właściwie nietkniętymi połaciami ziemi. Wsie rozrzucone są w odległości wielu mil od siebie, w terenie tu i ówdzie skalistym i niegościnnym, gdzie indziej falistym i pięknym. Niebo jest rozległe. Jeśli ktoś zatrzyma samochód, aby posłuchać, może wyłowi uchem daleki, głuchy dźwięk dzwonków na szyjach niewidzialnego stada kóz. I nic więcej prócz wiatru.

Za l'Observatoire de Haute Provence, gdzie podobno można odetchnąć najświeższym, najczystszym we Francji powietrzem, u podnóża Montagne de Lure, w niecce pól lawendowych leży Lardiers, wieś licząca ze stu mieszkańców. Ich domy skupione są wokół merostwa i Café de la Lavande – takiej restauracji, jaką człowiek zawsze spodziewa się znaleźć po całodziennej jeździe samochodem: z równymi dawkami dobrego jedzenia, dobrego wina i uroku.

W Lardiers nie powinno się natrafić na żadnego dziennikarza, a cóż dopiero na kilkunastu. Ale pewnego słonecznego czerwcowego dnia, kiedy kolor lawendy zaczął się zmieniać z szarozielonawego na fioletowy, silna ich grupa przybyła na otwarcie instytucji edukacyjnej, o ile mi wiadomo, wyjątkowej.

Jej pomysł zrodził się w Manosque, mieście rodzinnym Giona i siedzibie jednej z niewielu prawdziwie prowansalskich spółek, które są znane na świecie. Swoją renomę L'Occitane zawdzięcza nosowi. Jej mydła, olejki i esencje, szampony i kremy wyrabia się w Prowansji, a składniki wielu z nich zbiera się na tutejszych polach. Nie tylko lawendę, czego można by oczekiwać, lecz także szałwię, rozmaryn, świeże zioła, miód, brzoskwinie i migdały.

Zależnie od gustu, można użyć zapachu brzoskwiniowego do kąpieli, natrzeć się olejkiem tymiankowym albo nasmarować kremem do golenia, szczypiącym od rozmarynu. A niedawno wprowadzono jeszcze coś, co później wydało się tak proste i oczywiste jak wiele dobrych pomysłów: etykiety zaczęto drukować alfabetem normalnym i alfabetem brajlowskim. Dzięki temu zawartość słoiczka czy butelki na półce w łazience dało się odczytać zarówno czubkami palców, jak oczami. To z kolei prowadziło do następnego pomysłu, opartego na naturalnym przystosowaniu się ludzkiego ciała, kiedy zakłócona zostanie jedna z jego podstawowych funkcji – w tym wypadku zdolność widzenia.

Utratę wzroku do pewnego stopnia rekompensuje wyostrzenie innych zmysłów, zwłaszcza węchu. Firmie, sprzedającej substancje aromatyczne, zawsze zależy na znalezieniu wrażliwych i wyrobionych nosów. Zapachy nigdy nie powstają w drodze przypadku, lecz oparte są na przepisach, zazwyczaj bardzo złożonych – wymagają znalezienia czegoś pośredniego między łagodnym a ostrym, zmieszania esencji. Ich dobór, łączenie i ocena to wielka sztuka, wielcy artyści zaś w tej dziedzinie trafiają się równie rzadko jak w każdej innej. Na początek muszą mieć wrodzony talent, lecz najważniejszy jest niezwykle wrażliwy nos – jeden na milion. Z biegiem lat, dzięki odpowiedniemu szkoleniu, można go sobie wyrobić, tak że potrafi rozpoznać najsłabszy aromat – tę decydującą kropelkę, która zwykłą woń wznosi na poziom czegoś niezapomnianego. Najpierw jednak należy znaleźć te utalentowane nozdrza.

Gdzie ich szukać? Stosunkowo łatwo jest dostrzec wybitne zdolności w każdej niemal dziedzinie, od piłki nożnej po matematykę, od muzyki po języki obce. Ludzie dość wcześnie je zdradzają. Ale nadwrażliwy nos to zaleta niewidoczna – osobista, prywatna i w normalnych warunkach trudna do zauważenia. Wyobraźmy sobie na przykład matkę, przechwalającą się dzieckiem. „No, wiem, że Jean-Paul to psotny łobuziak, rzeczywiście parę dni temu ugryzł w nogę swoją siostrzyczkę, ale mogę wybaczyć mu wszystko, bo ma taki wspaniały węch". Coś takiego się nie zdarza. Młody nos jest organem zaniedbywanym.

To właśnie zaczęto zmieniać w L'Occitane tego słonecznego czerwcowego dnia, kiedy garstka uczniów przyjechała do Lardiers na otwarcie innego rodzaju szkoły. Mieli od dziesięciu do siedemnastu lat i byli niewidomi.

Oficjalna nazwa tej akademii nosa brzmi L'Ecole d'Initiation aux Arts et aux Métiers du Parfum destinées aux Enfants Aveugles (Przygotowawcza Szkoła Sztuk i Umiejętności Perfumeryjnych dla Dzieci Ociemniałych). Klasa, mały kamienny budynek na skraju wsi, zapewne nigdy więcej nie zobaczy tylu przyjezdnych z różnych stron świata. Dziennikarze z Ameryki Północnej, Europy, Hongkongu, Australii i Japonii czekali z nosami i notatnikami w pogotowiu, gdy tymczasem uczniowie zajmowali miejsca przy długim stole pośrodku pokoju.

Przed każdym z nich rozłożono przybory szkolne: flaszeczki z rozmaitymi substancjami aromatycznymi i zapas wąskich pasków papieru. Lekcja pierwsza, poświęcona technice umiejętnego wąchania, szybko uprzytomniła mi, na czym przez tyle lat polegał mój błąd. Ilekroć dawano mi coś do powąchania, instynktownie nadstawiałem nos i wciągałem powietrze jak tonący, który po raz trzeci wynurza się z wody. Stosowanie tej metody, poinformowano mnie taktownie, zaleca się podczas inhalacji chorym na zatoki; gdyby tu uczeń zrobił coś podobnego, natychmiast dostałby najgorszą ocenę. Okazuje się, że przedłużone „zasysanie nosowe" – chyba taki jest termin techniczny – zadaje ciężki cios delikatnym błonom i czasowo uniemożliwia dalsze badania węchowe.

Po pierwszej nieudanej próbie wzięto mnie na stronę i pokazano, jak wąchać – czy, w bardziej eleganckim języku, „kosztować nosem". Demonstrator poruszał się z niesłychanym wdziękiem, niczym dyrygent, zwinnie wymachujący batutą, zanim przypuści atak na instrumenty drewniane. Po zanurzeniu papierowego paska w buteleczce i nasączeniu go paroma kroplami wonnej substancji, wyciągnął papierek i przesunął pod nosem jednym płynnym ruchem, który zakończył się żwawym poderwaniem ręki w górę. Ten krótki moment wystarcza, aby nos zarejestrował aromat. Mózg odbiera informację, reaguje i poddaje ją analizie. *Et voilà.* Nie trzeba, powtórzył mój nauczyciel, ordynarnie, długo sapać.

Widok uczniów jasno wskazywał, że o wiele lepiej ode mnie opanowali technikę wąchania, cudowny był też wyraz malującej się na ich twarzach wściekłej koncentracji, a potem miłego zdziwienia, kiedy zaczynali odczytywać sygnały, odbierane nosami.

Pomocą służył im znakomity profesor, Lucien Ferrero, posiadacz jednego z najbardziej doświadczonych i uczonych nosów we Francji, twórca ponad dwu tysięcy perfum. Przyjechał z Grasse, aby poddać klasę próbie, wyrobić w młodych nosach dobre nawyki i przy odrobinie szczęścia odkryć talent, który można by rozwinąć.

Ferrero to urodzony nauczyciel. Kocha swój przedmiot i w przeciwieństwie do wielu specjalistów potrafi o nim mówić jasno, dowcipnie. Dzieci – a nawet ja – mogły go zrozumieć, gdy opisywał działanie zapachu na dwóch poziomach: na nos, który go chwyta, i na umysł, który go interpretuje; i pięć wyraźnych grup aromatów, od alkoholowych po *couverture des mauvaises odeurs.* (Temu towarzyszyły chichoty uczniów i szalenie wymowne marszczenie profesorskiego nosa).

Pierwsza lekcja trwała nie dłużej niż godzinę, po części ze względu na niebezpieczeństwo, jakie pociąga za sobą to zajęcie: na *fatigue nasale*. Nosy nawet największych zapaleńców i fachowców męczą się z czasem i tracą zdolność koncentracji. Po części też dlatego, że byliśmy we Francji, a zbliżało się południe, więc sprawy naukowe należało odłożyć na później i zająć się lunchem. Na tarasie przed szkołą ustawiono długie stoły, jedzenie dostarczyła Café de la Lavande, ja zasiadłem do niego z dziennikarzami, których nigdy nie widziałem tak licznie zgromadzonych w jednym miejscu.

Zrobiło mi się trochę nieswojo. Pamiętałem moje doświadczenia z prasą *en masse* sprzed kilku lat, kiedy mieszkaliśmy w Ménerbes, a chyba każda gazeta brytyjska przeżywała okres odkrywania Prowansji. Reporterzy stawali w progu, najeżeni pytaniami, z magnetofonami gotowymi zarejestrować każde nieoględne słowo. Jeżeli, jak zwykle, nie potrafiłem opowiedzieć ciekawej historyjki, przyłapywali w winnicy mojego sąsiada Faustina i z nim przeprowadzali wywiad. Fotografowie chyłkiem przemykali przez krzaki. Pewien zapalony łowca sensacji w faksie do mojej żony wyrażał głębokie współczucie z okazji naszego bliskiego już rozwodu (na szczęście ona wciąż jeszcze ze mną wytrzymuje) i pytał, czy – jak to wyraził – nie zechciałaby się podzielić swymi uczuciami z dwumilionową rzeszą jego czytelników. W jednej gazecie zamieszczono mapę, na której zaznaczono nasz dom; w drugiej podano nasz numer telefonu. Obie informacje były absolutnie nieścisłe, więc prawdopodobnie ktoś inny miał przyjemność przyjmowania niespodziewanych wizyt i telefonów od obcych Brytyjczyków. Wszystko ukoronował list od redaktora ilustrowanego magazynu z propozycją kupna domu i przeznaczenia go na nagrodę w konkursie, co zwiększyłoby nakład pisma. Dni doprawdy ekscytujące.

Trochę mi ulżyło, że siedzę w gronie osób bardziej zainteresowanych szkołą niż naszymi układami rodzinnymi, na ogół redaktorów rubryk zdrowia i urody, specjalistów od pielęgnacji skóry, makijażu i właściwego sposobu wyskubywania brwi, badaczy cellulitis i zwolenników zrównoważonej diety. Zastanawiałem się, czy te eteryczne istoty potrafią dać radę prowansalskiej wersji lekkiego letniego posiłku, złożonego z trzech obfitych dań, włącznie z solidną porcją *aioli* z dorsza i ziemniaków, oraz dostatecznie dużej ilości wina, aby bez śladu zatopić w nim popołudnie.

Dzięki poprzednim doświadczeniom z prasą powinienem wiedzieć, że na pomoc przyjdzie im wyszkolenie zawodowe. Dziennikarze różnią się zainteresowaniami, zdolnościami pisarskimi, umiejętnością dociekania prawdy i dogrzebywania się do jakiejś historii. Niektórzy mają doskonałą pamięć, inni polegają na magnetofonie lub stenografują. Ale pod jednym względem są do siebie podobni: wszyscy potrafią wcinać lunch, a kobiety nie ustępują nikomu. Kiedy przy kawie rozejrzałem się dokoła stołu, resztki wilgoci dostrzegłem tylko w butelkach z wodą mineralną.

Wtedy zaczęły wychodzić na jaw cechy narodowe. Anglosasi rozsiedli się wygodnie i pogrążyli w sennym popołudniowym rozmarzeniu, natomiast dziennikarze z Dalekiego Wschodu z zadziwiającym wigorem zrywali się z miejsc, wyciągali swoje nikony z futerałów i pstrykali widoki. Bardzo żałowałem, że aparaty nie potrafią zarejestrować tego co nosy, gdyż zapach pięknego, upalnego dnia w Górnej Prowansji jest równie inspirujący jak widok łanów lawendy i szałwii, znikających w słonecznej poświacie. Spieczona ziemia i kamienie, cierpkość ziół, ciepło wiaterku, pikantna woń upału – to destylat krajobrazu. Bez wątpienia kiedyś wleją go do butelki.

Tymczasem zorganizowano wonne popołudnie, a podczas pierwszego postoju urządzono pokaz innego rodzaju sztuki kulinarnej. W odległości paru mil, w Rocher d'Ongles, z roślin robiono olejek. Spodziewałem się chyba widoku mężczyzn w białych kitlach, którzy naciskają w laboratorium odpowiednie guziki; oczom moim ukazała się jednak olbrzymia szopa bez ścian, rozedrgana od gorąca, z chmurami wonnego dymu, ulatującymi przez wysoki komin. Wyglądało to na projekt Rube'a Goldberga. Naczelny alchemik zaś, bynajmniej nie technik w białym fartuchu, miał na sobie bardzo nienaukową trykotową koszulkę i płócienne spodnie. Tyle że bez wątpienia umiał gotować.

Zgodnie z przepisem wykorzystuje się do tego najbardziej podstawowe składniki: rośliny, ogień i wodę. Z jednego końca instalacji z pozakrzywianych rur, przewodów i kadzi podgrzewa się wodę, po czym rura doprowadza parę do roślin – w tym wypadku do czegoś, co wyglądało na pół tony rozmarynu. Para wyzwala lotne elementy rośliny, przenosi je do wężownicy, stamtąd do kondensatora, w którym krąży zimna woda. Następnie para się skrapla, olejek eteryczny zaś wypływa na powierzchnię wody. Wystarczy zebrać go czerpakiem, wlać do flaszki, a otrzyma się pięciogwiazdkową V.S.O.P. esencję rozmarynu. Temu samemu procesowi poddawane są: róża, cytryna, mięta, pelargonia, tymianek, sosna, eukaliptus i dziesiątki innych roślin i kwiatów.

Rozglądając się dookoła, zwróciłem uwagę na kontrast między miejscem powstawania a ostatecznym miejscem użytkowania. Tutaj, w prymitywnym budynku pośrodku pola, spoceni jak w saunie, obserwowaliśmy wielkie masy roślin, gotowane w czymś, co przypominało olbrzymi zestaw urządzeń dla początkujących chemików. A gdzie to wszystko miało trafić na koniec? Najdalej, jak można sobie wyobrazić, od skromnych początków – na toaletkę lub półkę w jakiejś wonnej enklawie, gdzie ktoś będzie tego używał kropelka po kropelce.

Wilgotni, lecz mądrzejsi, przenieśliśmy się z rozgrzanej jak piec destylarni do opactwa w Salagon, wzniesionego w dwunastym wieku dla benedyktynów, opuszczonego w czasie rewolucji, teraz zaś odbudowanego i mieszczącego Historyczną Cieplarnię Górnej Prowansji.

Zawsze mnie zdumiewa, że podobne budynki, z potężnych bloków kamiennych, z wielkimi, idealnie uformowanymi przęsłami sklepienia można było wznieść bez pomocy nowoczesnych maszyn. Żadnych dźwigów, żadnych wciągarek hydraulicznych, żadnych elektrycznych wrębiarek do kamienia – tylko ręka i oko oraz nieskończenie wielki wkład wyczerpującej pracy. Na myśl o miesiącach, jakie poświęciliśmy na odnowienie małego domu, nie umiałem wyjść z podziwu dla niezwykłej cierpliwości tych mnichów sprzed ośmiuset lat.

Oni pochwaliliby najświeższy dodatek do terenów kościelnych, który przyjechaliśmy obejrzeć: duży ogród botaniczny, porządnie zaprojektowany w najdrobniejszych szczegółach, jak zawsze przez Francuzów, kiedy chcą przyrodzie pokazać, kto jest górą. Żadnych nieregularności, żadnych niesfornych, niezdyscyplinowanych gałązek, nic z letniej żywiołowości. Rośliny, zgrupowane według zapachów, zarówno jak gatunków, tworzyły idealne małe prostokąty, wśród których chodziliśmy za przewodnikiem, wąchając i stąpając po kobiercach zieleni, szarości i niebieskości. Każda roślina miała tabliczkę z nazwą łacińską, chwastów nie było widać, a mnie się zdawało, że jaszczurki traktowano by tutaj jak nieproszonych gości.

Słońce zaczynało opadać za horyzont, a wielu z nas opadać z sił. Po długim, upalnym popołudniu odczuwaliśmy *fatigue nasale* i nie mogliśmy już wąchać. Należało teraz pozwolić zmysłom na odpoczynek przed ostatnim punktem dziennego programu, czyli obiadem.

Jedliśmy go przy paru długich stołach w ogrodzie na starej farmie, położonej wśród wzgórz nad wsią Mane. Aperitify odmładzająco podziałały na przedstawicieli prasy i jak powiedziała mi pewna dziennikarka z rubryki urody, tu było znacznie lepiej niż w uzdrowisku, gdzie ostatnio pojechała na reportaż i gdzie musiała zażywać błotnych kąpieli, a jeść dietetyczną sałatę z sokiem cytrynowym. Ta kobieta przyznawała się do świetnego apetytu i twierdziła, że z pustym żołądkiem nie potrafi pisać. Szalenie lubiła jeździć tam, gdzie podawano obfite porcje. Dla niej Francja oznaczała jedzenie.

To skłoniło mnie do zastanowienia, jak inni reagują na pierwszy kontakt z Prowansją, a kiedy ich spytałem, niemal każdy – rzecz ciekawa – odpowiedział inaczej. Japończycy nie mogli się nadziwić rozmiarom domów, olbrzymim, pustym połaciom ziemi, brakowi tłumów, hałasu i wieżowców. Jedzenie uznali za „interesujące", wino za mocne, lecz prawdziwe wrażenie zrobił na nich luksus wolnej przestrzeni – coś zgoła niepojętego dla osoby skazanej na dożywocie w tokijskim mieszkaniu.

Amerykanie przywykli do przestrzeni, a niektóre krajobrazy Haute Provence miały w sobie nawet coś jakby znajomego; zdaniem jednej kobiety trochę przypominały dolinę Napa bez samochodów. Pierwsze wrażenia tej dziennikarki wiązały się z kruszejącym pięknem budynków – „są takie stare" – i oczywiście – ponieważ przybyła ze światowej stolicy skutecznej higieny – z niepojętymi tajnikami francuskich instalacji sanitarnych. Jak oni biorą prysznic, zastanawiała się, kiedy w jednej ręce muszą trzymać sitko, w drugiej mydło? Czy nie robią tego parami?

Brytyjczycy, którzy właśnie przeżyli w kraju typowy początek lata – przelotne deszczyki, przechodzące później w ulewę – zachwycali się światłem, upałem i cieszyli jedzeniem na dworze. Jedna z kobiet obrzuciła fachowym redaktorskim spojrzeniem moją twarz i starając się nie krzywić, stwierdziła, że nadmiar słońca bardzo postarza. W sumie jednak dziennikarze chwalili klimat i ku swemu zadowoleniu odkryli, że mieszkańcy Prowansji są właściwie „całkiem mili, nie tacy wstrętni jak paryżanie". Biedni paryżanie, wszyscy chętnie się ich czepiają.

I wieczór, i dzień był dobry. Żadna nowa szkoła nie mogłaby liczyć na to, że na początku pierwszego okresu wzbudzi aż takie zainteresowanie, i przynajmniej raz nikt niczego nie krytykował. Wszyscy chcieliśmy, aby pomysł okazał się udany.

Ponieważ zapragnąłem się przekonać, czy istotnie jest udany, a przy okazji kontynuować edukację mojego nosa, po paru miesiącach wybraliśmy się na kolejne spotkanie z Lucienem Ferrero, tym razem w jego biurze pod Grasse. Nie znałem tego miasta; wiedziałem jedynie, że od początków dziewiętnastego wieku było ośrodkiem francuskiego przemysłu perfumeryjnego. Wyobrażałem sobie starych mężczyzn w słomkowych kapeluszach, którzy popychają taczki załadowane płatkami róż; koślawe, kryte blachą destylarnie jak ta w Rocher d'Ongles; całe ulice i prawie wszystkich mieszkańców pachnących mimozą albo chanel 5. Te wizje rozwiały się w korku przed miastem, a znikły zupełnie, kiedy oczom moim ukazała się rzeczywistość. Grasse było ruchliwe, tłoczne i fachowe.

Przemysł perfumeryjny rozwinął się tutaj dzięki szczęśliwemu przypadkowi, owcom, bawołom i Katarzynie Medycejskiej. W średniowiecznym Grasse wyprawiano skóry owiec z Prowansji i młodych bawołów z Włoch, co na pewnym etapie wymagało użycia wonnych ziół (każdy, kto poczuł kiedyś zapach garbarni, zrozumie dlaczego). Później moda nadała produkcji nowy kierunek.

W renesansowych Włoszech ludzie oszaleli na punkcie elegancji. Ostatnim krzykiem mody stały się perfumowane rękawiczki i każdy, kto cenił to, co w życiu istotne, koniecznie chciał mieć pachnące, dobrze odziane palce. Katarzyna Medycejska, jako doradczyni arystokracji w sprawach mody, zadecydowała, że rękawiczek dostarczać będzie Grasse, garbarze zaś zrobili sobie reklamę i wcześnie docenili znaczenie odpowiedniej metki. Zamiast za skromnych rzemieślników, borykających się ze skórami zwierząt, woleli teraz uchodzić za *gantiers parfumeurs*, dostawców perfumowanych rękawiczek dla szlachty.

Sprawy rozwijały się pomyślnie do rewolucji, kiedy to znikła arystokracja i większość ozdób arystokratycznego życia – król, jego książęta i hrabiowie, ich prywatni kucharze i paryskie pałace, wszystko złożone na ołtarzu republiki. Nic dziwnego, że ten los podzieliły wonne rękawiczki, frywolne, elitarne i wysoce niedemokratyczne. Mieszkańcy Grasse – już dość przywiązani do pomysłu metki i zadowoleni z odkrycia, że tak łatwo ją przystosować – przestali wspominać o rękawiczkach i po prostu nazwali się *parfumeurs*. Perfumy zaś przetrwały. Nawet w rewolucyjnej Francji było jasne, że nie każdy chce pachnieć jak republikanin.

Dzisiaj niektóre miejscowe firmy same wyrabiają i sprzedają swoje perfumy, wiele innych jednak polega na specjalistycznych talentach niezależnych nosów. To wielki interes, o czym przekonaliśmy się w biurze monsieur Ferrero. Ten nowoczesny budynek tak od wewnątrz, jak z zewnątrz wyglądał na świeżo odkurzony, każdą powierzchnię miał wypolerowaną na wysoki połysk. W środku powietrze przesycał specyficzny, przyjemny, bardzo subtelny zapach – może *eau de bureau* – a w ciszy najdonośniej rozbrzmiewały nasze kroki, kiedy w ślad za Ferrero szliśmy po marmurowej posadzce, mijając czyste pokoje, z ustawionymi w nich butelkami i komputerami.

– Perfumy – powiedział nam – zaczynam tworzyć na zlecenie klienta albo pod wpływem natchnienia. W obu przypadkach najpierw powstaje w głowie *tableau olfactif*, obraz perfum. – Dalej rozwijał tę malarską analogię, nosem zastępując płótno, zapachami kolory. – Ile jest różnych stopni natężenia niebieskości czy różu? Setki. Ile różnych stopni natężenia cytrusa, werbeny czy jaśminu? Tysiące.

W ciągu poranka obejrzeliśmy chyba większość z nich i sporo wąchaliśmy, aż zakręciło nam się w nosach. Zdecydowanie najtrwalsze wrażenie wywarła na nas jednak nie wysublimowana kwietna esencja ani cudowna mieszanka ziół, lecz woń, przed którą ucieka się na drugą stronę ulicy – smród wyciskający łzy z oczu.

Ferrero wziął papierek, zanurzył go we flaszce, pomachał nim pod moim nosem i przekrzywił głowę.

– To dość szczególne – rzekł. – Co to jest, pana zdaniem?

Zapach był wstrętny; ostry i na tyle mocny, że zmarszczyłem nos. Potrafiłem go jednak rozpoznać nawet ja, człowiek węchowo upośledzony. A przynajmniej tak sądziłem, choć zawahałem się z odpowiedzią. Przecież to niemożliwe – nie tutaj, w tej świątyni wonności.

– No? – zapytał Ferrero.

– Cóż – odparłem – zapach wydaje się znajomy...

– Jeszcze jedno pociągnięcie nosem?

– Nie, nie. – Nadal kręciło mi się w głowie po pierwszym wdechu. – To całkiem niezwykłe. Po prostu próbuję...

Podniósł palec, abym nie musiał brnąć dalej.

– *Pipi de chat* – rzekł. – Całkowicie sztuczne. Zrobione przy użyciu chemikaliów. Interesujące, *n'est-ce pas*? Zupełnie jak prawdziwe.

Nie wybrałbym słowa „interesujące" na określenie zapachu kociego siusiu, nie od razu też zrozumiałem, dlaczego zasługuje on na miejsce w *tableau olfactif*, ale twórcy perfum mają dziwne i cudowne zwyczaje. Tego samego dnia rano dowiedziałem się, że wymiociny wieloryba i piżmo kozie – naturalnie stosowane w małych ilościach – też odgrywają rolę w tworzeniu zapachu, któremu nie sposób się oprzeć. Chodzi o to, jak reagują na zmieszanie z innymi składnikami. Zadowoliwszy się tym, poszliśmy na lunch.

Monsieur Ferrero był uroczym, ciekawym towarzyszem i nawet kelnerzy, podający kolejne dania, podsłuchiwali, aby dowiedzieć się czegoś o perfumach. W odpowiedzi na moje oczywiste pytanie – dlaczego mała buteleczka, głównie z wodą, może kosztować tyle co znacznie większa butelka z château latour – pokręcił głową.

– Ludzie nie mają pojęcia – odparł. – Sądzą, że na wysoką cenę wpływa drogie opakowanie, co oczywiście jest słuszne. Ale proszę pomyśleć o używanych przez nas składnikach. – Ze wstydem przyznaję, że do głowy przyszło mi raczej *pipi de chat* niż olejek różany. – Kilo esencji irysowej, na przykład, kosztuje teraz sto dziesięć tysięcy franków. A koszt płatków! Na jedno kilo esencji potrzeba od dziewięćdziesięciu do stu tysięcy płatków. – Wzruszył ramionami i rozłożył ręce, przerażony sumą, jaką trzeba zainwestować w ładny zapach.

Drugie oczywiste pytanie dotyczyło tego, skąd wie, że sporządził coś, co odniesie sukces. Tutaj technologia komputerowa i mikropomiary ustępują miejsca kobiecej intuicji. Albo, jak to ujął Ferrero, żoninej próbie.

– Zabieram do domu flakonik nowych perfum – powiedział – i zostawiam gdzieś, gdzie żona go zauważy. Nie mówię nic. *Rien.* Zupełnie jakby się zjawił za sprawą magii. Czekam. Nadal milczę. Jeśli pod koniec tygodnia flakonik jest pusty, stanowi to dla mnie zachętę. Jeśli wciąż jest pełny, daje mi do myślenia. Moja żona ma dobry nos.

Podczas lunchu nie przestawałem obserwować nosa Ferrero, byłem ciekaw, jak reaguje na bodźce w postaci dobrego wina, zupy grzybowej i tutejszej specjalności: kapusty nadziewanej kiełbasą i bekonem. Zauważyłem, że raz czy drugi marszczy się z uznaniem, ale dopiero kiedy na stół podano tacę z serami, nozdrza naprawdę się rozdęły, choć taca znajdowała się w odległości trzech stóp.

– Jeśli lubi pan ostry ser – rzekł, wskazując na kremowy trójkąt z wydatnymi ciemnoniebieskimi żyłami, które zdawały się pulsować cholesterolem – to jest *fromage détonateur.*

I rzeczywiście, był jednym z instrumentów perkusyjnych w serowej orkiestrze, a zasługiwał na kolejny, wypity z rozwagą kieliszek wina.

To dziwne i chyba pod jednym względem dość niezadowalające zajęcie: być nosem. Czymkolwiek by go tłumaczyć – naturą, szczęściem, genami, latami pilnej pracy, wczesnym zetknięciem się z *pipi de chat* czy wielorybią wymiociną – dar jest wielki, niezwykły i twórczy. Twój nos, jeden na milion, twoje instynkty i twoja umiejętność sporządzania mieszanek są najważniejszymi składnikami perfum, którymi co dzień zwilża się policzki, delikatnie skrapia piersi i naciera miejsca za setkami tysięcy uszu. A jednak pracę wąchacza sygnuje ktoś inny: Yves Saint-Laurent, Calvin Klein, Lagerfeld, Miyake, Chanel; nigdy on, twórca. Jest tym rzadkim okazem, wziętym, lecz anonimowym artystą, nieznanym na arenie międzynarodowej.

Myślałem, jak dziwne musi być spotkanie z kimś obcym – mężczyzną czy kobietą, w biurze lub na przyjęciu – ale o swojskim zapachu, i jak trudne musi być czasem powstrzymanie szeptu: „To za moją sprawą właśnie tak pachniesz". Śmiem twierdzić, że te słowa uszłyby we Francji, ale chyba nie w Ameryce. Ktoś nieuchronnie wniósłby skargę o węchowe nękanie.

Największą spośród wszystkich małych przyjemności, jakie spotkały mnie tego dnia, sprawił mi na koniec Ferrero kopią listu do rektora uniwersytetu perfumeryjnego w Wersalu. Prosił w nim o przyjęcie na studia jednego z niewidomych uczniów z Lardiers, wyjątkowo obiecującego siedemnastolatka Davida Maury'ego. Jak napisał, był *stupefait par l'acuité et la pertinence olfactives*, wykazywanymi przez chłopca. Wygląda na to, że młody właściciel czułego nosa, tak gorąco polecany przez fachowca, dostanie się na uniwersytet.

Poszukiwanie idealnego korkociągu

Na ostatnią Gwiazdkę ekstrawagancki i życzliwy przyjaciel podarował mi coś, co nazwał najnowszym modelem korkociągu. Był to nie byle przyrząd – pięknie wykonany, z czymś, co wyglądało na hydrauliczny układ dźwigni. Zgodnie z gwarancją miał wyciągać najbardziej oporne korki. Przyjaciel powiedział, że jest to korkociąg konesera. Zademonstrował, jak działa, i korkociąg rzeczywiście łatwo i gładko zrobił to, czego można by oczekiwać po nowoczesnym osiągnięciu inżynierii alkoholicznej. Nigdy jednak w naszym domu nie służył. Nie wyciągnął już żadnego korka; nadal spoczywa w swoim pudełku, nieużywany i niekochany.

Wytłumaczenia mojej pozornej niewdzięczności należy szukać w lunchu, jaki letnią porą jadłem w małym wiejskim domu pod Awinionem, zaproszony tam przez Régisa, który przed laty zechciał się podjąć roli nauczyciela i odtąd zapoznawał mnie z rozkoszami stołu. (Nieraz mi przypominał, że jak wiadomo, wszelkie gastronomiczne talenty Anglików ograniczają się do śniadania i dojrzałego stiltona). Régis to nie kucharz, lecz jak sam siebie określa, *gourmet/gourmand*, czyli prawdziwy i na szczęście obdarzony apetytem znawca stołu, wrażliwy na wszelkie niuanse przepisu czy butelki. Twierdzi, że jako człowiek dorosły większą część życia poświęcał jedzeniu i piciu, o czym świadczy jego brzuch i zdobyta wiedza. Jest też aktywnym szowinistą, przekonanym o wiodącej roli Francji we wszystkim, co warte zachodu.

Nim zasiedliśmy do lunchu, Régis postanowił ćwiczyć nasze podniebienia – tylko ten rodzaj ćwiczeń chętnie wykonuje – przez porównywanie dwóch białych win z Côtes-du-Rhône: młodego condrieu i starszego, tłuściejszego hermitage. Przed nami, w bliźniaczych kubełkach, lśniły kropelkami schłodzonego potu butelki. Na ten widok Régis zatarł ręce, zakręcił butelkami w wodzie z lodem, po czym zgiął palce z miną pianisty, który zaraz stoczy bitwę z Beethovenem. Sięgnął do kieszeni spodni po korkociąg i starannie go otworzył.

Wdzięcznie, z wprawą obrócił rękę w przegubie i krótkim, zakrzywionym ostrzem noża przeciągnął po pierścieniu szyjki condrieu. Kapsel odpadł w następstwie czystego chirurgicznego cięcia, z brzegami gładkimi, nie naddartymi. Po wyciągnięciu korka Régis podniósł butelkę do nosa, powąchał i kiwnął głową. To samo zrobił z hermitage i już miał schować korkociąg do kieszeni, kiedy spytałem, czy mógłbym go obejrzeć.

Tak ładnego nigdy jeszcze nie widziałem. Był wzorowany na tym, co niekiedy nazywa się Przyjacielem Kelnera – nożyk z jednej strony, otwieracz z drugiej, pośrodku korkociąg. Lecz tu kończyło się podobieństwo, bo ten tak się miał do zwyczajnych korkociągów, jak condrieu do soku winogronowego. Był dość ciężki, z trzonkiem z wypolerowanego rogu i stalowymi okuciami. Wzdłuż grzbietu rękojeści biegł kręgosłup z ciemniejszej, zdobionej stali, z płaską, stylizowaną podobizną pszczoły na czubku. Na otwieraczu widniało wybite słowo Laguiole.

– To – oświadczył Régis – jest najlepszy korkociąg na świecie. – Nalał wina do dwóch kieliszków, po czym się uśmiechnął. – Oczywiście francuski. – Później, popijając, przystąpił do uzupełniania braków w mej korkociągowej edukacji.

Laguiole to słynne z noży miasto w regionie Aveyron na południu Francji. Przodek wyrabianych tam dzisiaj korkociągów powstał około 1880 roku w następstwie wynalazku korka. (W rzeczywistości korków zaczęto używać trochę wcześniej, w osiemnastym wieku, w południowej Francji jednak niczego nie robi się na łapu-capu). Z biegiem lat wprowadzono udoskonalenia, takie jak stal nierdzewna, lecz – przynajmniej w autentycznym przyrządzie – prawie nic innego się nie zmieniło.

Niestety, powiedział Régis, na tym podłym świecie imitacje można znaleźć wszędzie: noże podobne do tych z Laguiole, lecz maszynowo montowane (to zabiera około godziny) i sprzedawane znacznie taniej. Wykonanie „prawdziwego Laguiole" wymaga około pięćdziesięciu różnych czynności, w tym wielu prac ręcznych. Każdy prawdziwy nóż nadal składa rzemieślnik, nie maszyna, na każdym ostrzu widnieje stempel L. To znak autentyczności. Są też inne znaki, tradycyjne symbole żywiołów: wodę przedstawiają faliste karby na grzbiecie ostrza; powietrze – stylizowana pszczoła; ogień – wzór płomienia biegnący wzdłuż kręgosłupa; ziemię – skupisko mosiężnych gwoździków, osadzonych w rękojeści, a oznaczających ziarna pszenicy. Bez nich nóż może być ostry i ładny, nawet dobrze zrobiony, lecz nie będzie prawdziwy.

W tym momencie Régis uznał, że nadeszła pora kolejnej demonstracji, więc sięgnął po butelkę châteauneuf-du-pape, która miała później wesprzeć ser.

– Widzisz to? – Wskazał na krótkie ostrze korkociągu. – Jest ząbkowane. Czyściej niż ostrze gładkie obcina kapsel i nie tępieje. – Odłożył kapsel, po czym wyciągnął korek. – Jeszcze coś – dodał, wąchając go z namysłem. – Zauważ, że spirala jest w kształcie *queue de cochon*, świńskiego ogona, wydrążona i żłobkowana, aby nie pokruszyć korka. *Une merveille.* Musisz sobie taki kupić.

W ten sposób zrodził się projekt wyprawy, jeden z tych lekkomyślnych planów, na pozór całkiem sensownych, kiedy się je omawia podczas długiego lunchu. Razem, powiedział Régis, wybierzemy się do Laguiole i poszukamy korkociągu, a tego zakupu – co ja mówię, inwestycji – nie pożałujesz. Przy okazji, jak już tam będziemy, musimy zjeść u Michela Brasa, którego restauracja jest najświeższym tytułem miasta do sławy. Przewodnik Gault Millau wyróżnił ją czterema czapkami kucharskimi i dziewiętnastoma punktami na dwadzieścia możliwych. Co więcej, stała się duchową ojczyzną gauloise blonde. W porównaniu z tą, zdaniem Régisa, szczególnie arystokratyczną i smakowitą kurą, inne są po prostu jak żylaste wróble. Jest ona królową wśród drobiu. Oczywiście francuską.

Zaprawiony dobrym winem, uważałem wtedy, że projekt trzeba zrealizować natychmiast, i wciąż brak mi pewności, dlaczego nie wyruszyliśmy nazajutrz. Chyba przeszkodziła nam praca albo może Régis z myślą o wątrobie pojechał do Evian na okresową kurację. Koncept zagościł mi jednak w głowie, moja żona zaś – nie będąc badaczką korkociągów, lecz z pewnością znawczynią kurcząt – chętnie wybrała się ze mną. Właściwie wolała mi towarzyszyć niż puścić mnie z Régisem, którego uważa za nieodpowiedzialnego kompana. (Odkąd spóźniłem się na obiad po siedmiogodzinnym lunchu. Do tego błahego incydentu doszło przed wielu laty, lecz żony są pamiętliwe).

Tak więc pewnego rześkiego, pogodnego wrześniowego ranka ruszyliśmy z Luberon na zachód, krętą drogą, wiodącą przez lasy Cevennes. Tą samą drogą wędrował Robert Louis Stevenson ze swym osiołkiem i dziś nie dostrzegłby dokoła wielu zmian: mila za milą ukazują się dzikie krajobrazy, zielone, piękne i puste. We Francji mieszkańcy, mniej więcej tak samo liczni jak w Wielkiej Brytanii, rozproszeni są na trzykrotnie większym obszarze, w Cevennes zaś gęstość zaludnienia jest znikoma. Prócz ciężarówek z pniami, które miały zostać pocięte na ściągi dachowe, prawie nie widziało się samochodów, podobnie zresztą jak śladów osadnictwa.

Ponieważ serpentynowa, pełna ostrych zakrętów droga nie zachęca do wyprzedzania, po jakimś czasie zrezygnowaliśmy z prób prześcignięcia ciężarówki, wolno sunącej przed nami z ładunkiem sosnowych bali. Dochodziło południe, więc zastanawialiśmy się, gdzie na tym wspaniałym odludziu kierowca zatrzyma się na lunch. Przedstawiciele innych narodów mogą się zadowolić kanapką, ale nie Francuzi, a już na pewno nie francuski *routier*. On chce usiąść przy stole i zjeść w sposób cywilizowany, toteż odpowiednio zaplanuje podróż. Ludzie głodni, poruszający się po obcym dla siebie francuskim terytorium, nigdy nie popełnią błędu, jeśli będą przestrzegać prostej zasady i w porze lunchu trzymać się za ciężarówką. To właśnie zrobiliśmy. Rzeczywiście w końcu zjechaliśmy w ślad za nią na parking, zapchany innymi ciężarówkami, co uznaliśmy za odpowiednik gwiazdek w przewodniku.

W niskim, funkcjonalnym budynku panował zgiełk, klientela zaś była niemal wyłącznie męska. Wypisane na tablicy menu składało się z *charcuterie*, kalmarów gotowanych w rosole z szafranem, z sera i deserów. Cena sześćdziesięciu pięciu franków obejmowała butelkę wina. Usiedliśmy na dworze, gdzie stoliki umyślnie rozstawiono tak, aby każdy gość widział parking. *Madame la patron*ne, zadziwiająco zwinna jak na kobietę tej tuszy (w kategorii ciężarówek zaliczałaby się do osiemnastokołowych), sama podawała z górą czterdziestu osobom, przy czym nikt nie czekał dłużej niż parę minut. Jedliśmy zachwyceni sprawnością obsługi, jakością kuchni i niewygórowanymi cenami w sieci *relais routiers.* Aż dziw, że wieczorem zjemy obiad na drugim końcu restauracyjnej drabiny.

Przedtem jednak należało zmienić strefę klimatyczną. Droga biegła prościej i bardziej pod górę, a po południu przejeżdżaliśmy przez zasnute chmurami alpejskie okolice. Lasy ustąpiły miejsca pastwiskom, z punkcikami ulizanych, lśniących od wilgoci krów w kolorze karmelu. Z rzadka rozsiane wsie, z pozamykanymi domami i okiennicami, z opustoszałymi ulicami, zbliżały się i oddalały we mgle. Więcej tu było bydła niż ludzi. Znaleźliśmy się w *la France profonde*, milczącej, dość tajemniczej.

Hotel Michela Brasa całkowicie, wręcz szokująco z nią kontrastował. Spodziewaliśmy się ujrzeć budynek większy niż mijane dotychczas wiejskie domy, ciemny, o grubych murach, tradycyjny. Zobaczyliśmy natomiast kanciasty kompleks zabudowań z kamienia i szkła walcowanego, unoszący się na szczycie wzgórza i tym bardziej surrealistyczny, że słabo widoczny. Przypominał najnowocześniejszy model łodzi, zakotwiczonej w chmurach, z dala od lądu. Innym zaskoczeniem był fakt, że dostaliśmy ostatni wolny pokój. Poza sezonem, w środku tygodnia, na pustkowiu w hotelu brakowało miejsc. Ludzie przyjeżdżają ze względu na spacery i widoki, wyjaśniła nam młoda kobieta w recepcji i przepraszającym wzruszeniem ramion wskazała na nieprzeniknioną szarą zasłonę za oknem. Oczywiście również z uwagi na kuchnię.

Do obiadu pozostało jeszcze parę godzin, więc wróciliśmy do oddalonego o kilka mil Laguiole, gdzie spodziewałem się kupić idealny korkociąg.

Wygląd Laguiole, małego, przyjemnego miasteczka, wyraźnie świadczy o tym, czym się zajmują jego mieszkańcy. Na samej tylko głównej ulicy co najmniej kilkanaście wystaw jeży się nożami: klasyczny scyzoryk, pomocnik pasterza owiec (zakończony niemile wyglądającym kolcem), delikatne nożyki do damskiej torebki. (Na co współczesnej kobiecie podręczny nożyk? Do zrobienia manikiuru w nagłym wypadku? Do otwierania listów miłosnych? Do przekłucia nadętego pana?) Zdumiewała różnorodność rękojeści – z rogu, palisandru, bukszpanu, hebanu, oliwki i kilku rodzajów drewna, o jakich nigdy nie słyszałem, na przykład *amourette, bois de serpent i cocobolo*. Raj dla amatora noży.

Jako że produkcję zapoczątkował tu Pierre-Jean Calmels, który wykonał pierwszy w Laguiole nóż w 1829 roku, uznałem, że korkociąg znajdę zapewne w sklepie przy głównej ulicy, nadal noszącym to nazwisko. W gablotach nie dostrzegłem nic prócz noży, więc spytałem kobietę za ladą, czy mogłaby mi pokazać coś takiego jak korkociąg. I doświadczyłem tego, czego prędzej czy później doświadcza we Francji każdy przyjezdny, kiedy wykazuje nieznajomość miejscowej tradycji lub protokółu. Spotkałem się z pogardą, najpierw wyrażoną ruchem brwi, potem westchnieniem, wreszcie tonem głosu.

– Korkociągi? – powiedziała kobieta. – Nie. My robimy noże.

Odwróciła się do starszej pani, grzebiącej w nożach do mięsa, sprawdzającej ich ostrość opuszką kciuka. Kiedy klientka wreszcie zdecydowała się na zakup, z zadowoleniem skinęła głową, jakby się usprawiedliwiła:

– Teraz mogę im dawać tańsze mięso.

Skarcony, lecz zdeterminowany, szedłem dalej ulicą, aż znalazłem nie tylko korkociąg, lecz także coś, czego nigdy bym sobie nie wyobraził: nóż o trwałym, bardzo pamiętnym aromacie. Roztacza go trzonek, kawałek dzikiego prowansalskiego jałowca, drewna o bardzo cienkich słojach, w kolorze ciemnego miodu. Potarte palcami, wydaje ono czystą, silną woń jałowca i *garrigue*. Proszę zamknąć oczy, powiedział sprzedawca, i powąchać. Zupełnie jakby pan był w górach. Nie tylko to, dodał. Nóż ma także niezwykłe właściwości ochronne. Ponieważ jałowiec w naturalny sposób odstrasza owady, w kieszeni, w której będzie pan trzymał nóż, nigdy nie zagnieżdżą się mole ani skorpiony, nie zaroją mrówki. Ten rodzaj gwarancji, pomyślałem, pozwala człowiekowi pewniej torować sobie drogę w zdominowanym przez owady świecie. Już nigdy nie będę musiał się przejmować termitami w moich spodniach.

Powolutku wróciliśmy we mgle z Laguiole do hotelu, teraz w pełni oświetlonego i bardziej niż kiedykolwiek podobnego do statku na ciemnym morzu. W głównym salonie, gdzie poszliśmy wypić coś przed obiadem, na tle granitu i szkła stały miękkie, obite białą skórą fotele, a pośrodku kominek, pachnący trochę jak rączka mojego noża. W jednym kącie japońskie małżeństwo, szykowne, o lśniących włosach, zapoznawało się z rozkoszami długiej listy win pod kierunkiem starszego kelnera. Za naszymi plecami rozmowa toczyła się po niemiecku. Goście francuscy milczeli, z nosami wetkniętymi w jadłospisy.

Wraz z podaniem drinków nadeszła pora na przedobiedni rytuał, którego przestrzega każda *restaurant de luxe*, a mianowicie na częstowanie *amuse-gueules*: dzisiaj były to maleńkie tarty borowikowe z cieniutkiego i kruchego ciasta oraz miniaturowe miseczki pasztetu, gładkiego jak masło. Nigdy nie wiem, czy te małe przysmaki mają dodać sił człowiekowi, borykającemu się z menu, czy ukazać wyrafinowanie kuchni, czy są pierwszą salwą jej szefa, zanim wytoczy ciężką artylerię. Po tych kąskach poczułem wilczy apetyt i pogrążony w spisie potraw, zapomniałem o szoferskim lunchu.

Zawiodłem się, nie widząc wzmianki o słynnej kurze, która chyba miała wychodne. Znakomicie zastępowały ją jednak ryby, dziczyzna, baranina i wołowina, każda potrawa zaś opisana była zwięźle, ale z soczystymi szczegółami. Zawsze duże wrażenie robi na mnie dobrze napisane menu, które informuje i pobudza apetyt, bez silenia się na pretensjonalne bzdury. Tak na przykład londyńska restauracja próbuje usprawiedliwić wygórowaną cenę rybek z rodziny śledziowatych: „Nasz szef na parę ulotnych sekund wrzuca małe, świeże rybki do wrzącego oleju, po czym je wyciąga, zanim zdołają ochłonąć ze zdziwienia". Udzielę pełnego poparcia każdemu, kto zaproponuje, aby zaraz po nich wrzucić do oleju pisarza.

Choć takich rzeczy nie znajdzie się w menu Michela Brasa, krótkie zdania są obiecujące, co jest sztuką nie lada. Byłem ciekaw, czy mają zawodowego autora menu w kuchni – może siedzi gdzieś w kącie na stołku, z kieliszkiem wina pod ręką, i czeka, aż z pieców spłynie na niego natchnienie. Wszystkie duże restauracje zatrudniają w kuchniach takie tłumy, że jedna osoba więcej nie zrobiłaby różnicy. Ponieważ zaś kucharze bywają na ogół szczodrzy z natury, mogliby nawet wyliczyć zasługi autora menu gdzieś po deserach, a przed *digestifs*. Widywano dziwniejsze zdarzenia.

Małe grupki ożywionych nadzieją gości już prowadzono do stolików, jednego biesiadnika zaś – niecierpliwie marszczącego brązowy nosek – wnoszono w dużej torbie. Z zadowoleniem stwierdziliśmy, że u Brasa psy są równie mile widziane jak ich właściciele, a ja próbowałem sobie wyobrazić reakcję na wprowadzenie psa do jakiejkolwiek renomowanej restauracji na świecie. Na początek podniosłyby się okrzyki zaniepokojenia, domagano by się przybycia inspektora sanitarnego, tu natomiast torbę z jej kudłatą zawartością po cichu wsunięto pod krzesło właściciela i ani jedna brew nie uniosła się na znak dezaprobaty.

Sala była długa, elegancka, z obitymi szarą skórą krzesłami i obrusami naciągniętymi i zebranymi pod spodem tak, że okrągłe stoliki przypominały wyrośnięte, dorodne grzyby. Sztućce, najlepszy wyrób miejscowy, zaprojektowano specjalnie dla restauracji. Podobnie jak stojące lampy. Kelnerzy bezszelestnie pojawiali się i znikali jeden za drugim, panowała atmosfera jakby nabożnej czci. Jest ona typowa dla sławnych restauracji, niekiedy może tak przytłaczać, że zmusza do mówienia szeptem i – przynajmniej w moim odczuciu – grozi przekształceniem posiłku w swoiste przeżycie religijne. Rzadko dzieje się tak za sprawą właściciela, prawie zawsze wynika z oszołomienia, w jakie rzeczy doskonałe wprawiają gości, którzy każdy pięknie udekorowany talerz traktują jak relikwiarz, a zapominają, że przyszli mile spędzić czas i zjeść dobry obiad. Najlepszym tłem muzycznym jest dla niego śmiech.

Śmiechu nam nie brakowało, odkąd przy sąsiednim stoliku zasiadło dziesięciu spóźnionych, hałaśliwych biznesmenów. Zanim usiedli, zdjęli marynarki, dzięki czemu powiało swobodą i zdecydowaną chęcią przyjemnego spędzenia wieczoru. Wznosili toasty, dowcipkowali, sypali docinkami i cmokali, kiedy przyniesiono pierwsze danie. Wyjątkowa kuchnia działa chyba na Francuzów bardzo różnie, czego przykłady widzieliśmy dookoła. Nasi sąsiedzi, entuzjaści, w niepohamowany sposób objawiali zadowolenie, głośno wyrażali radość; słychać było, że smakuje im to, co jedzą. Przeciwnie czciciele szefa w głębi sali: w nich zapewne każdy kęs budził grozę, żuli w pełnej uszanowania ciszy, ze znawstwem kiwali głowami, podobni do uczniów, którym uda się wyczuć odrobinę kminku w jednej potrawie albo kapkę soku truflowego w drugiej.

Osobiście wolę krzykliwego entuzjastę, a jak podejrzewam, większość szefów kuchni chętnie słucha pochwał. W znakomitych restauracjach tradycja gastronomiczna wymaga jednak trochę celebry, zwłaszcza podczas podawania potraw. Pamiętam obiad w Paryżu, kiedy każdy talerz zjawiał się na stole pod porcelanowym kloszem. Było nas czworo i mieliśmy dwóch kelnerów, przydzielonych specjalnie do podnoszenia kloszy. Na bezgłośny sygnał pochylali się, aby podnieść wszystkie cztery klosze naraz. Czasami ta teatralna chwila może być kłopotliwa, tak jak tamtego wieczora. Zamówione przeze mnie kotlety jagnięce zabłądziły i trafiły do kogoś innego, ja dostałem łososia. Z kloszami należy uważać.

U Michela Brasa nie groziła pomyłka. Nasz kelner prześlizgiwał się między stolikami z olbrzymią srebrną tacą, uniesioną na wysokość ramienia. Opuściwszy ją, pokazywał nie przykryte kloszami talerze. Zajmował się nimi drugi kelner i każde danie opisywał dokładnie tak jak w karcie; ten drobny gest uprzejmości w stosunku do roztargnionych smakoszy miał przypuszczalnie na celu odświeżenie pamięci, w razie gdyby zawiodła po zamówieniu potrawy, a przed jej podaniem. Wszystko było nienaganne, lecz zanim zdołaliśmy zabrać się do jedzenia, kelner wrócił z niespodzianką, której nikt nie zamawiał – z glinianym garnkiem pełnym czegoś białego, co wydzielało kłęby aromatycznej pary. Zanurzył w tym czymś łyżkę i uniósł do góry. Przez moment łyżkę z daniem łączyła szeroka wstęga, którą kelner zgrabnie owinął wokół łyżki, po czym złożył na ładną kupkę na talerzu.

– To nasza regionalna specjalność – powiedział. – Nazywa się *aligot*.

Powinienem przed nią przestrzec. Ma cudowny smak, jest kremową masą imponująco zawiesistą, gęstą prawie jak toffi. Tak łatwo spływa do żołądka, że nie wziąć dokładki to właściwie zbrodnia. Dopiero po jakimś czasie człowiek zdaje sobie sprawę, że coś mocno przylepia mu się do żeber.

Jak wiele dobrych potraw i trunków, *aligot* wyrabiali mnisi – już w dwunastym wieku, może nawet wcześniej. Kiedy zimą do klasztoru przychodzili pielgrzymi, zziębnięci i głodni, pytali o cokolwiek, czyli *aliquid*, do zjedzenia. Łacińskie *aliquid* stało się francuskim *aligot*, a dawny przepis, oparty głównie na topionym serze i okruchach chleba, zmieniono i udoskonalono. Dzisiaj, aby zrobić *aligot* na cztery osoby, trzeba wziąć:

Dwa funty ziemniaków; jeden funt *tome d'Aubrac,* świeżego miejscowego sera; pół funta kwaśnej śmietany; jeden lub dwa ząbki czosnku; sól i pieprz. Ugotować i przetrzeć kartofle, do purée dodać kwaśną śmietanę i ser, mieszać, jakby od tego zależało życie. Jeśli są trudności z wydobyciem chochli z garnka, coś jest nie tak. Trzeba napić się wina i zacząć od nowa.

Aligot to idealny środek wzmacniający po ośmiu godzinach nieprzerwanej pracy fizycznej na polach, po całodziennej jeździe na nartach albo po piętnastomilowym spacerze. Niestety równie dobrze smakuje komuś, kto nie zdobył się na wysiłek większy niż przebranie się przed obiadem. Dziwna rzecz, że takie posilne chłopskie danie figuruje w tak wyszukanym gastronomicznie menu. Dziwna i pocieszająca, bo przypomina, że potrawa może być prosta i zarazem znakomita.

Nazajutrz rano mgła była gęsta jak *aligot*, a widoczność ograniczona do paru wilgotnych jardów. Choć nie mieliśmy okazji podziwiać widoku ani zjeść słynnego kurczęcia, z radością zobaczyliśmy inny kraj w tak niewielkiej odległości od domu. Tradycje, kuchnia, pejzaż, akcenty, nawet wygląd ludzi – wszystko było zupełnie inne.

Prowansja wydawała się daleka i egzotyczna. Wprost nie mogliśmy uwierzyć, że za kilka godzin wrócimy tam, gdzie świeci słońce, niebo jest czyste, a twarze są pokryte śródziemnomorską opalenizną.

Posiłki skłaniają do porównań, nie tylko jedzenia, lecz także całości doświadczeń. Dlaczego jakąś restaurację się pamięta? Dlaczego chce do niej wrócić, polecić ją innym? Jak ona osiąga te upragnione gwiazdki? Zjeżdżając w dół przez Cevennes, doszliśmy do wniosku, że nie nadalibyśmy się na inspektorów Michelina; oblalibyśmy egzamin z oceny wnętrza. O ile nam było wiadomo, w przewodniku Michelina wiele gwiazdek dostają tylko te restauracje, w których znakomitej kuchni dorównuje wystrój – można by to nazwać *haut resto* – samo urządzenie i wygląd personelu. Krzesła muszą być wyściełane, a jeszcze lepiej, gdyby zostały specjalnie zaprojektowane. Wszyscy kelnerzy muszą być w liberii, a ci podający trunki – w krawatach. Wkład finansowy w luksusowe detale – porcelanę, bieliznę stołową, szkło, sztućce, świeże kwiaty, wymyślne karty dań, specjalne oświetlenie – musi się rzucać w oczy, z chwilą gdy gość (albo inspektor Michelina) wejdzie na salę.

Wszystko to, choć niewątpliwie robione w najlepszej intencji i z myślą o zamiłowaniu Francuzów do *apparence de richesse,* wytwarza przytłumioną atmosferę nabożnego skupienia, pozbawioną tego, co Régis lubi nazywać *joie de manger*. Wyśmienite restauracje zbyt często cierpią na smutny brak przyjemnego nastroju. Prawda, że nie można go jeść. Mnie na elegancji nie zależy. Wolę obiad w otoczeniu wesołym niż dostojnym i lekceważę ozdoby.

Dlatego z ogromną przyjemnością piszę o Auberge de La Môle, restauracji, która zasługuje przynajmniej na trzy moje osobiste gwiazdki. Nie ma jej w paru znanych przewodnikach, zapewne z uwagi na prostotę wystroju. Kiedyś musiała być stacją benzynową; resztki dystrybutora, teraz pomalowane na biało i niebiesko, pozostały na tarasie jako ozdoba. W środku znajduje się bar z cynkowanej blachy, wypolerowanej tysiącami łokci, a za nim na półkach odpowiedni zestaw rozmaitych gatunków pastisu i bateria rzadkich poza granicami Francji aperitifów dla wtajemniczonych. Na salę jadalną wchodzi się przez kuchnię, wdychając po drodze aromatyczne preludium do tego, co ma nastąpić: zapach sosów i sosów od pieczeni, mięsa na ruszcie i piekących się kartofli, w zimie czarnych trufli.

Sala jest prosta, nieomal surowa, z kamiennym kominkiem w jednym końcu. Żadnego silenia się na elegancję czy szyk, nic ponad to, co niezbędne – mocno zużyte sztućce i obrusy, bezpretensjonalne szkło, miękkie, wyblakłe serwetki. Z kuchni dobiega uspokajające trzaskanie garnkami, kiedy gość zagłębia się w menu.

Nie musi namyślać się długo. Pierwsze i dwa ostatnie dania to zestawy – jak się przekonamy, bogate – które pojawiają się na stole bez żadnej decyzji z jego strony. On ma tylko wybrać główne danie spośród paru proponowanych i z taką powściągliwością, na jaką się zdobędzie, podejść do kwestii win. Rodzina Raynalów prowadzi Auberge od czterdziestu lat i kolejni jej przedstawiciele powiększali znakomitą piwnicę. Pyszne miejscowe wina z Var, po czterdzieści, pięćdziesiąt franków za butelkę, sąsiadują na długiej liście z czcigodnymi dziełami sztuki z Burgundii i Bordeaux, po dwa lub trzy tysiące franków. Za przewodnika musi służyć portfel.

Zanim pierwszy raz pojechaliśmy do Auberge, przyjaciele, którzy znali tę kuchnię, radzili nam nie entuzjazmować się zbytnio na samym początku. Zachowajcie umiar, mówili, bo trzeba was będzie wynosić. Ale właśnie ten wieczór był zimny, a my umieraliśmy z głodu. Chcieliśmy się też przekonać, jak dobrego mają tam szefa, co naturalnie wymagało skosztowania wszystkiego. Takie podejście można określić mianem obżarstwa, lecz ja wolę je traktować jak zadanie badawcze. Upchnęliśmy serwetki pod brodami. Nawet dym z drzewa na kominku pachniał apetycznie.

Najpierw podano grzanki, ale nie z rodzaju tych cienkich, wiotkich, anglosaskich, tylko z wiejskiego chleba, grubo krojonego, chrupkiego i lekko przypieczonego po obu stronach, ciepłego, miękkiego w środku. Był to jadalny przenośnik dla *terrines*, ustawionych teraz w poprzek stołu czterech głębokich, prostokątnych glinianych naczyń o zawartości różnej pod względem konsystencji i wyglądu, od gładkiej i bladej do gruzłowatej i ciemnej, od wieprzowiny do zająca. Bezceremonialnie wetknięty nóż sterczał z każdego kawałka pasztetu. Z chwilą gdy postawiono przed nami słoik korniszonów, tych małych, ostrych krewniaków amerykańskich marynowanych ogórków, mogliśmy zabrać się do jedzenia.

Podająca do stołu dziewczyna ostrzegła nas szeptem, że dzisiaj przygotowano dodatkowe danie, grzyby zebrane z rana. Szef zapiekał je w lekkim cieście. Radziła, abyśmy zarezerwowali na nie trochę miejsca, co łatwiej jest powiedzieć niż zrobić. Domowe pasztety i pyszny ciepły chleb skłaniają do dłuższych, wnikliwych porównań. Czy wieprzowina jest równie dobra jak zając? Czy lepsza? Zdanie zmienia się po każdym kęsie, więc trzeba znów próbować, a od czasu do czasu wsuwać do ust korniszona dla podkreślenia różnicy smaku. Gdyby nie przyniesiono grzybów, najedlibyśmy się pierwszym daniem tak, że wystarczyłoby nam za cały posiłek.

Podobno, jak opowiadali nasi przyjaciele, restauracja ma zagorzałego wielbiciela, starszego pana, który bywa tu raz na tydzień, sam, na niedzielnym lunchu. Przyjeżdża z oddalonego o jakieś czterdzieści mil Tulonu taksówką, która czeka przez te dwie godziny, kiedy on oddaje sprawiedliwość potrawom, po czym odwozi go do domu. Gdzie indziej na świecie ponoszenie takich ofiar dla gastronomii mogłoby uchodzić za niezwykłe. Francuzi jednak nie żałują fatygi, jeśli mogą dogodzić swoim żołądkom i poprzeć ulubionych szefów kuchni, dlatego też często z wyjątkową sztuką kulinarną można się zetknąć w najbardziej nieprawdopodobnych zakątkach kraju.

Ciekawa teoria na temat głodu – znajdowaliśmy dowody na jej potwierdzenie – brzmi mniej więcej tak: Po zjedzeniu pewnej ilości czegoś człowiek czuje się nasycony. Wystarczy jednak zmiana smaku i konsystencji, aby w całkiem magiczny sposób odzyskał apetyt. Tak było przy następnym daniu, *confit* z kaczki i okrągłym, złociście brązowym placku ziemniaczanym. Tworzyły go warstwy cienko krojonych kartofli, smażonych na kaczym tłuszczu i „ośmielonych", jak to określił szef, dodatkiem czosnku i siekanych trufli. Jadłospisy poprawniejsze z żywieniowego punktu widzenia informowałyby zapewne o szkodliwości placka w połączeniu z *confit*, może się on przyśnić kardiologowi, jest prawie samym cholesterolem, potencjalną gwarancją wczesnej śmierci. Choć raz jednak, powiedzieliśmy sobie, wycierając chlebem resztki sosu, statystyka jest po naszej stronie. Przypadkiem w restauracji siedziało kilka żywych statystyk, mężczyzn i kobiet w zaawansowanym wieku i o młodzieńczych apetytach, którzy potwierdzali fakt, że w świecie zachodnim Francja ma jeden z najniższych wskaźników śmiertelności, spowodowanej chorobami wieńcowymi. Nie po raz pierwszy wypiliśmy za Francuski Paradoks.

Pokrzepieni tą myślą, lecz już trochę oklapnięci, dostaliśmy talerz duży jak pokrywa włazu, a na nim sery: od twardych, poprzez miękkie, do niemal płynnych. Na ogół pochodziły wprost od farmerów i nie zostały poddane procesowi sterylizacji, tak miłemu sercom cenzorów żywności w Brukseli (niekiedy określanych mianem nudziarzy, którzy przewodzą nudziarzom), dzięki czemu smakowały na tyle dobrze, aby być nielegalne. Pewnie takie były.

A potem przerwa. Okazja do złapania tchu, poprawienia serwetki i nabrania sił przed tym, co szef poda na koniec – nie przed jednym czy dwoma, lecz przed trzema deserami: małą, gorącą tartą z jabłkiem, głębokim półmiskiem *crème caramel* i miską z gruszkami, gotowanymi na wolnym ogniu w czerwonym winie. Wreszcie kawa i łyk calvadosu.

Spytałem, czy przypadkiem nie mają cygar. Z piwnicy przyniesiono kosz, w którym wysoko piętrzyły się pudełka – partagas i cohibas, nawet te rzadkie, grube montecristo nr 2, wspaniałe kubańskie torpedy. Hawańskie cygara oferowano tak szczodrze, jak potrawy, położono ich na stoliku mnóstwo, aby było z czego wybierać. Wziąłem znakomite, calvados miał taki bukiet, jak trzeba, siedzieliśmy pogodzeni ze światem. L'Auberge de La Môle, przyznawaliśmy, to taka restauracja, jaką Francuzi potrafią prowadzić lepiej od innych: wysoce profesjonalna, a jednocześnie będąca jakby powiększeniem kuchni przyjaciela, prosta, niewyszukana, wygodna. Restauracje z rzędem gwiazdek, choć bardzo dobre, bywają do siebie z wyglądu podobne, lśniące, nieskazitelne, międzynarodowe. Auberge była typowo francuska.

W lecie, z oddalonego o niespełna dwadzieścia mil St.-Tropez, przyjeżdżają tu różne znakomitości, zasiadają na plastikowych krzesłach i jedzą przy pompie na tarasie: księżna Walii, dwaj Jackowie (Chirac i Nicholson), Joan Collins i gromadka jasnowłosych dziewcząt z Riwiery, *les mimis de St.-Tropez* – nieomal sławnych, opalonych po paznokcie u nóg, eskortowanych przez podstarzałych wujaszków. W sierpniu parking obok restauracji wygląda tak, jakby odbywał się w niej zjazd miejscowych dealerów porsche'a i mercedesa. Telefony komórkowe, ciemne okulary w tytanowych oprawkach, torby plażowe Vuittona walają się na stolikach. W środku, przy barze, plecami zwróceni do tego całego przepychu, miejscowi farmerzy i robotnicy dyskutują o piłce nożnej lub Tour de France. A później jadą do domu na lunch.

Osiem sposobów na spędzenie letniego popołudnia

Na wiele pytań wolę nie odpowiadać, między innymi na to najczęstsze, które zadaje mi nieposkromiona istota, jaką jest poważny podróżnik, szukający rady. On – z niewiadomego powodu prawie zawsze mężczyzna – nie ma pogodnego stosunku do rzeczy przyjemnych. Wakacje traktuje jak podróż służbową bez zwyczajowej osłony garnituru, krawata i asystenta, bardzo podejrzliwie podchodzi też do wyprawy w ciemno czy nie zaplanowanej co do minuty. Denerwują go dziury w marszrucie, dopóki nie zostaną zatkane, a myśl, że o czymś zadecyduje przypadek, każe mu powątpiewać w operatywność własnej sekretarki. Jest duchowym spadkobiercą tych pionierów podróży w zorganizowanych grupach, którzy chełpili się zaliczaniem Europy w pięć dni. A jeśli wybiera się do Prowansji, pierwsze pytanie, jakie zada przez telefon i nieuchronnie powtórzy faksem, będzie dotyczyło najlepszej pory przyjazdu.

Próbując go powstrzymać, odpowiadam pytaniami. Czy chce zobaczyć na wiosnę maki i kwitnienie czereśni? Czy chce się smażyć na słońcu w lipcowym i sierpniowym szczycie sezonu plażowego? Być w Awinionie na festiwalu muzycznym i teatralnym? Wjeżdżać rowerem na Mont Ventoux? Biegać na golasa po Luberon? Wyciskać winogrona – oczywiście nie sam – w jesiennym okresie *vendange* i patrzeć, jak winorośl zaczyna przybierać barwę rdzawozłotą? Czy ma w planie architekturę i zabytki rzymskie, czy targi antykwaryczne i trzygwiazdkowe restauracje?

Tak, odpowiada, tak. Każda rzecz brzmi zachęcająco. Ale na wszystko mam zaledwie tydzień. Więc kiedy najlepiej przyjechać?

Usiłowałem znaleźć odpowiedź, przynajmniej taką, która go zadowoli; i często ponosiłem żałosne porażki. Czymś najbardziej zbliżonym do rady – co mi przyszło do głowy po latach dorywczych badań – jest nie tyle zaplanowanie, co ma robić przez kolejne dni w dogodnym dla siebie terminie. Moim zdaniem, chodzi raczej o podejście niż o dokładne wyznaczenie dat i miejscowości, dlatego też poważny podróżnik nieraz słucha mnie, oniemiały ze zdziwienia. Prowansja, mówię mu, najlepiej prezentuje się po lunchu.

Zwłaszcza w lecie, bo pierwszym z dwóch prostych warunków, zapewniających maksymalną przyjemność, jest słońce. A drugim absolutny brak jakichkolwiek z góry ułożonych planów. Tylko jeśli się ich nie ma, można w pełni wykorzystać długie, całkowicie wolne popołudnie.

Rachunek jest zapłacony, ostatni łyk różowego wina wypity, butelka postawiona do góry dnem w kubełku z lodem na pożegnanie kelnera. Teraz nadchodzi pora rozważenia możliwości, przy czym należy uwzględnić temperaturę powietrza, swój zapas energii i rodzaj zainteresowań – sportowych, intelektualnych, kulturalnych czy fizycznych. (Nieźle jest wypić w tym momencie jeszcze jeden kieliszek wina, tylko po to, aby spowodować przypływ natchnienia). Mimo braku parków tematycznych, kin wieloekranowych i pasaży handlowych Prowansja ma do zaoferowania rozrywki. A choć dokonywałem ich wyboru zgodnie z bardzo osobistymi upodobaniami, zdołam zapewne dowieść, że tutaj, jak nigdzie indziej na świecie, można dobrze się bawić, prawie nic nie robiąc.

Przyglądanie się z bliska grze w bule

Każda niemal wieś ma swoją skromniejszą wersję boiska. W zasadzie jest to po prostu gładki, zakurzony placyk, długości może dwudziestu, trzydziestu metrów, o twardej powierzchni ze żwiru i ubitej ziemi. Jeśli jako obiekt sportowy służy od dawna – powiedzmy, od paruset lat – pewnie będzie miał dwa dodatkowe udogodnienia. Po pierwsze, cień zapewnią na nim równe szpalery platanów, które mógł zasadzić jeden z ogrodników napoleońskich. Po drugie, napoje chłodzące będzie można dostać w sąsiedniej kawiarni. (Często o nazwie Le Sporting i zazwyczaj z rzędem trofeów w postaci kul, pękatych i lśniących, na półce za barem).

Gra w bule miała swoje odmiany, odkąd człowiek odkrył przyjemność rzucania kulą do celu, niezdolnego jej odrzucić. Wczesne wersje samej kuli stały się teraz, podobnie jak drewniane rakiety tenisowe i hikorowe kije golfowe, sportowymi antykami. Są cudownej urody, wykonane z gwoździ, wbitych w rdzeń bukszpanowy tak gęsto, że ich przylegające do siebie główki przypominają rybią łuskę. Choć miłe dla oka i przyjemne w dotyku, mają tę wadę, że jako ręcznie zrobione, są niezbyt kształtne i ledwie zetkną się z ziemią, zdradzają tendencję do zbaczania z toru. W grze, w której liczą się milimetry i rozpalają gorące namiętności, takie kapryśne zachowanie było przyczyną wielu zmartwień i dyskusji, aż wreszcie starą *boule* zastąpił dzisiejszy idealnie wykonany, idealnie kulisty stalowy pocisk.

Nie oznacza to końca zmartwień i sporów. W istocie są one – tak jak precyzja i wprawa – nieodzowne, jeśli zarówno gracze, jak widzowie mają dobrze się bawić, gdyż nadają cechy dramatyczności czemuś, co w przeciwnym wypadku mogłoby pozostać jedynie serią grzecznych lobów.

Celem zawodów jest umieszczenie własnej grupy kul – w razie konieczności roztrącenie innych po drodze – możliwie najbliżej celu, czyli małej drewnianej kuli, zwanej *cochonnet.* Rzuciwszy kule, gracze przechodzą na drugą stronę boiska i dokonują pomiarów. Prosta sprawa, można by pomyśleć, którą da się załatwić w sposób sportowy, zgodnie z zasadą, że zwycięża najlepszy. Ale nie. Skądże znowu. Gracze, stłoczeni nad swymi kulami, pochłonięci gorączkową dyskusją, kwestionują każdy ułamek milimetra, dzielący je od świnki. Ramiona, głosy, a niekiedy składane linijki podnoszą w triumfie lub z niedowierzaniem. Zwycięża najgłośniejszy.

Niewykluczone, iż regularność tych sporów da się przypisać czemuś większemu niż uczciwe dążenie do zwycięstwa; czemuś trochę silniejszemu. Bule, o ile mi wiadomo, zajmują wśród konkurencji sportowych, rozgrywanych na świeżym powietrzu, miejsce szczególne. W trakcie gry można pić. Ten, kto ma w miarę skoordynowane ruchy i pewną rękę, nie musi nawet odstawiać szklanki, kiedy rzuca. Często właśnie alkoholowi przypisywałem niektóre dowolne i całkiem niezwykłe techniki stylistów.

Kulę rzuca się od dołu, po wysokiej lub niskiej trajektorii, zazwyczaj w wielkim skupieniu, z ugiętymi kolanami i oczami wbitymi w cel. Rzut dopiero później uzupełniają indywidualne gesty, rodzaj dziwnego baletu, tańca w miejscu, bo graczowi nie wolno przekroczyć linii. Stoi więc, nieraz na jednej nodze, wychylony do przodu, do tyłu czy w bok, zależnie od tego, gdzie leci kula, a jego wymachujące ramiona albo jak przyśpieszacze mają popychać ją do przodu, albo jak hamulce powstrzymywać w locie. Gracz wspina się na palcach, podobny do czapli, która próbuje się poderwać z łożyska rzeki, lecz jedną nogą grzęźnie w błocie. Śmieszny to widok dla kogoś, kto siedzi w cieniu, obserwuje kłębki kurzu, wzbijanego przez kule, słucha, jak szczęka stal (zupełnie jakby dinozaur szczękał zębami), a ten stuk miesza się z odgłosami wybuchającej i przygasającej sprzeczki i z metalicznym brzękiem kawiarnianego radia. Gracze przechodzą wolno z jednego końca boiska na drugi i z powrotem. Powietrze jest nagrzane i nieruchome. Czas się zatrzymuje.

Urok gry w bule polega między innymi na tym, że mogą w niej uczestniczyć amatorzy w każdym nieomal wieku i wprawdzie źle rzucać, ale dobrze się bawić. Siła odgrywa tu mniejszą rolę od sprytu i dobrego oka, więc aż dziw, że ten sport jest chyba zarezerwowany wyłącznie dla mężczyzn. Przez tyle lat, jako bezczynny obserwator, nigdy nie miałem okazji zobaczyć na linii rzutu Francuzki, choć sesje te przeciągają się do wczesnego wieczora. Z ciekawości zapytałem kiedyś dwóch starych ekspertów, dlaczego na boisku nie towarzyszą im żony. Jeden zbył mnie wzruszeniem ramion. Drugi odpowiedział prawie bez wahania:

– Niech pan nie będzie śmieszny. Kto by ugotował obiad?

Uprawianie ogrodu

Nie mam podstawowego przymiotu dobrego ogrodnika, czyli cierpliwości – nie umiem wybiegać myślą w przód, dostosowywać się do tempa zmiany pór roku, wyczekiwać całymi latami, aż gałązka przybierze postać dojrzałą i rozpoznawalną. A moją wadą fizyczną jest palec, nie tradycyjnie zielony, jak przystało na ogrodnika, lecz brudny, w dość złowieszczym kolorze brązowym. Wystarczy, że ktoś inny dotknie chorego krzewu, zaraz przywraca mu piękny zielony blask zdrowia. Moje zabiegi natomiast – stosowane w dobrych zamiarach, lecz najwyraźniej źle przyjmowane – odnoszą odwrotny skutek. Po tygodniu silny zazwyczaj kwiat żałośnie marnieje. Na mój widok rośliny usychają.

Po części dlatego ogród w Prowansji to coś dla mnie. Klimat panuje tu surowy, temperatury spadają poniżej zera albo przekraczają czterdzieści stopni ciepła. Gleba jest raczej skalista niż żyzna, woda leje się strumieniami lub wcale, a mistral złuszcza krajobraz, zrywa warstwę ziemi ornej i niszczy wszystko na swej drodze. Doświadczenie nauczyło mnie, że rośliny, zdolne przetrwać w tych niesprzyjających warunkach, wytrzymają nawet moje zabiegi pielęgnacyjne.

W gronie znajomych mam paru zapalonych ogrodników. Upojeni fachową terminologią, od niechcenia, lecz uczenie posługują się nazwami łacińskimi, kiedy mówią o mieszkańcach swoich ogrodów. Dla nich jaskry i stokrotki to *Ranunculus acris* i *Leucanthemum vulgare*, skromny mlecz zaś podnoszą do rangi *Taraxacum officinale.* Radzę sobie z ich popisami w ten sposób, że bez zrozumienia kiwam głową albo próbuję zmienić temat, lecz to im nie przeszkadza i zaraz śpieszą ze wskazówkami, jak mógłbym mój jałowy skrawek Prowansji przeobrazić w angielski ogród przydomowy.

Ładnie wyglądałaby odrobina koloru, mówią, rozglądając się dokoła z delikatną dezaprobatą. Coś, co ożywiłoby to miejsce. I trawnik. Nic tak nie koi oka jak trawnik (dziwne, ale on chyba nie ma nazwy łacińskiej). Od wyimaginowanego trawnika już tylko krok do drzew owocowych, rozpiętych na kratach, do altanek oplecionych różami, do kwitnących żywopłotów i tych ważnych, tak drogich angielskiemu sercu ozdób: obwódek obsianych trawą. Już wkrótce zaproponują niskie płotki i klomby. Czuję to przez skórę.

Co za ulga, kiedy odchodzą, a ja mogę patrzeć na to, za czym przepadam: na lawendę, cyprysy, szałwię, rozmaryn, laur, oleander, bukszpan, tymianek. Szarości od prawie niebieskiej do prawie białej, zielenie od połyskliwej i ciemnej do przykurzonej i wyblakłej, letni rozprysk fioletu, barwy i kształty dopasowane do krajobrazu, rośliny, które przezwyciężają klimat, a mnie tolerują. Bardzo niewiele muszę robić, aby utrzymywać je przy życiu, a jedyny poważniejszy obowiązek, jaki na mnie spada, to raczej przyjemność niż ciężka praca: jest nim ścinanie w lipcu lawendy.

Najlepiej idzie na mokro. Człowiek moczy się w basenie, zanim weźmie sierp lub sekator i zabierze się do pierwszego rzędu. Łodygi, wyschnięte, nieomal kruche, tnie się równo. Po zebraniu pierwszych paru pęków dłonie przesiąkają ostrym, cierpkim zapachem świeżej lawendy. Pięć minut później słońce osusza ostatnią kroplę wody na ciele; po upływie dziesięciu minut kosiarz się poci, po półgodzinie znów wędruje do basenu i z pluskiem pogrąża się w niebie.

Sterta ściętej w ciągu takiego popołudnia lawendy ma kilka przyjemnych zastosowań. Aromat utrzymuje się długo, a saszetka z lawendą, w lipcu pozostawiona w szufladzie czy bieliźniarce, zachowuje woń, słabą, lecz wciąż rozpoznawalną, do grudnia albo i dłużej. Jedna czy dwie łodygi w butelce oliwy lub octu to tchnienie lata, trwające przez cały rok. Poza tym jest esencja lawendowa, prowansalskie lekarstwo na wszelkie dolegliwości. Paru jej kropli używa się jako środka dezynfekcyjnego na zadrapania czy ugryzienia owadów, do płukania bolącego gardła, do inhalacji nad miską gorącej wody, kiedy ma się zatkany nos, jako środka przeciw skorpionom, kiedy się zmywa kuchenną podłogę. Wreszcie warto zachować kilka pęczków suszonej lawendy, aby je na początku zimy wrzucać do kominka. Dom pachnie wtedy jak fioletowy zagon roślin, ściętych przed tyloma miesiącami. Tego wszystkiego nie sposób mieć z obsianej trawą obwódki.

Spotkania z rzemieślnikiem

Stary dom – z czasów, kiedy nie znano jeszcze prefabrykowanych drzwi i okien, kuchenek z elektrycznymi blatami i wielu innych wątpliwych rozkoszy nowoczesnej konstrukcji modularnej – jest zarazem radością i nieustającym torem przeszkód. To, co właściciel zyskuje na charakterze, traci na doskonałości architektonicznej. Podłogi są nierówne, zimą dziwnie pęcznieją. Ściany się przekrzywiają. Drzwi przechylają na bok. Schody podrywają się w górę całkiem nieregularnie, a prawdziwego kąta prostego nie sposób znaleźć. Tak więc, kiedy trzeba wymienić wygiętą poręcz, drzwi zjedzone przez robactwo albo spaczoną okiennicę, nie można znaleźć na to miejsce rzeczy gotowej. Należy zebrać siły na całą serię spotkań z tym sympatycznym i utalentowanym błędnym ognikiem, jakim jest prowansalski rzemieślnik. On zrobi wszystko, czego dusza zapragnie.

Na płaskowyżu Vaucluse ma się do dyspozycji dziesiątki rzemieślników, mistrzów w rozmaitych sztukach. Niezależnie jednak od tego, czy będą dokonywać cudów w drewnie, glinie, kamieniu, marmurze, kutym żelazie czy stali, wszyscy mają chyba ze sobą coś wspólnego. Te podobieństwa ujawniają się w trakcie pracy, stają się widoczne podczas kolejnych wizyt, które klient składa specjaliście. Równie dobrze jak kiedy indziej, pierwszy raz może się do niego wybrać letnim popołudniem, po lunchu, bo jest wtedy w odpowiednim nastroju, aby cały proces traktować niczym swoistą rozrywkę.

Ta wizyta będzie prawie na pewno połączona z oprowadzaniem po pracowni, gdzie gość powinien się zachwycić pracami, wykonywanymi na zlecenie innych klientów. Ma szczęście, bo cudowne niedokończone przedmioty, walające się po podłodze, świadczą, że znalazł artystę, zdolnego wykonać dokładnie to, czego się od niego zażąda. Nie dość na tym; gotowego przyjąć zamówienie, rzucić wszystko inne, przyjść i wziąć miarę, może jeszcze tego samego wieczora.

W domu rzemieśnik zapisuje szczegóły w wyświechtanym zeszycie z oślimi uszami. Oczywiście dostrzega trudności, których laik nie mógłby zapewne zrozumieć bez krótkiego wykładu. Wskazuje na nieprawidłowości i przeszkody, na spustoszenia, wyrządzone przez rdzę i próchnicę, przy czym ze smutkiem kiwa głową. Trzeba do pracy podejść delikatnie i ze zrozumieniem, ale zapewnia, że on to potrafi. *Pas de problème*. Podaje cenę, a po jej uzgodnieniu zleceniodawca zapuszcza się w nieznane i pyta o termin dostarczenia roboty. Zamiast odpowiedzi proszony jest o wyznaczenie wygodnego dla siebie terminu. Wybiera dowolny dzień i dodaje do niego miesiąc.

Dla rzemieślnika staje się to sygnałem do wygłoszenia słów, które słyszałem tak często, że chyba każdy młody czeladnik musiał się ich nauczyć pierwszego dnia pracy. Kiedy klient zaproponuje termin, zapadnie krótka cisza, po czym artysta zaczerpnie tchu i w zadumie kiwnie głową. *C'est possible*, powie. Zleceniodawca zauważy, że właściwie nie powiedział tak, tylko zgodził się na tę możliwość. Różnica, choć subtelna, okaże się ważna. Chwilowo jednak klient czuje, że wyraźnie doszli do porozumienia.

Ponieważ nie chce się wydać agresywnym, niecierpliwym cudzoziemcem, dopiero po jakimś czasie zadzwoni, aby spytać o postępy w robocie. Rozmowa – jeśli można to nazwać rozmową – nie będzie zadowalająca, bo rzemieślnik zawsze umieszcza telefon w najgłośniejszym kącie warsztatu, gdzieś, gdzie panuje największy zgiełk. Na pewno taktykę tę stosuje z rozmysłem, aby zagłuszać niewygodne pytania określonego rodzaju, albo może zainstalował nagranie, które się włącza automatycznie. Tak czy owak, to działa. Nikt nie potrafi długo przemawiać do ściany hałasu, jaki robi piła tarczowa, wrębiarka do kamienia czy entuzjastycznie rozkrzyczana spawarka. Wprawdzie przez brzęk, łoskot i zgrzyt może się przedrzeć parę półsłówek, lecz nie tyle, aby mieć sens, więc poszukiwacz prawdy musi drugi raz pofatygować się osobiście.

W pracowni niewiele się zmieniło. Leżą tu wciąż te same cudowne przedmioty, nadal niedokończone. Jeśli klient ma szczęście, jeszcze jeden – jego – dołączył do zbioru i zostanie mu pokazany z taką dumą, z jaką ojciec przedstawia ukochaną córkę. Rzecz jest piękna, właśnie taka, jak pan się spodziewał. Czy mam jakąś szansę, pyta klient, odebrać ją w przyszłym tygodniu?

Wciągnięcie powietrza, pełne zadumy skinienie głową. *C'est possible*.

Oczywiście robota nie będzie skończona. Ale do licha. Dom się przez to nie rozleci.

Sprawunki

Chciałbym wiedzieć, czy badano związek między pełnym żołądkiem, paroma kieliszkami wina a potrzebą wyjścia z domu i kupowania. Nie mam wrodzonego zamiłowania do sprawunków i nie pociąga mnie myśl o wałęsaniu się i wypatrywaniu czegoś niepotrzebnego – chyba że jestem po dobrym lunchu. Wtedy, wczesnym popołudniem, nasycony, pogodny i ekspansywny, staję się chętnym i podatnym celem; konsumentem, gotowym konsumować. W miastach prowadziło to niekiedy do kosztownych kłopotów i surowych upomnień ze strony American Express. Bezpieczniejszy jestem w Prowansji, gdzie ludzie mają nostalgiczne zamiłowanie do gotówki.

Wielu naszych sąsiadów, zapalonych zbieraczy, popiera *petits fournisseurs* – drobnych, nierozreklamowanych dostawców, którzy hodują lub wytwarzają własne produkty, a ignorując sieć sklepów i supermarkety, sprzedają je bezpośrednio odbiorcom. Główne kwatery tych producentów, *les bonnes adresses,* najczęściej zagubione na wsi albo ukryte w bocznych uliczkach, zwyczajne i niepozorne, trudno jest znaleźć, jeśli nie spyta się o drogę. Specjalnością firmy może być wszystko, od białych sardeli do ręcznie robionych espadryli, ale cokolwiek to jest, zawsze zostanie sprzedane z opustem. W cenie mieści się nauka – odrobina historii, parę uwag na temat procesu produkcyjnego i szczodra dawka autoreklamy, niekiedy chytrze wymierzonej w konkurencyjną produkcję masową. Innymi słowy, klient nie powinien się spieszyć. Takie właśnie zakupy lubię i chętnie je robię w leniwe, upalne popołudnie.

Ktoś dał nam adres w Cavaillon, pod którym właściciel sprzedaje najlepsze melony, melony o równie wspaniałym bukiecie i cudownej soczystości, jak on sam jest dziwaczny i częstokroć przykrego usposobienia. Wyglądało to na interesującą kombinację, więc pokonaliśmy pewne trudności geograficzne i wjechaliśmy w ślepą uliczkę na skraju miasta, niedaleko od głównego targowiska.

Uliczka była pusta, na tyle cicha, że słyszało się bzyczenie chmary much, kłębiących się koło otwartych drzwi czegoś, co kiedyś mogło być stajnią. W powietrzu unosił się przenikliwy, słodki zapach dojrzałych owoców, w cieniu na wprost drzwi stał zaparkowany biały mercedes. Pewnie należy do bogatego klienta, pomyślałem. A ten przypuszczalnie targuje się w środku ze starym królem melonów, chłopem od cepa, stosownie powykręcanym i zakurzonym.

Przepchnęliśmy się przez rój much i stanęliśmy na progu mrocznego, wonnego pomieszczenia, niemal całkowicie wypełnionego żółtozielonymi melonami, spiętrzonymi na grubej podściółce ze słomy. Przy porysowanym metalowym stoliku tuż za drzwiami siedział i warczał w słuchawkę przenośnego telefonu mężczyzna, swoim językiem dodając atmosferze soczystości. Był drobny i ciemny, z zaczesanymi na opaloną łysinę pasmami czarnych włosów i schludnymi wąsami pod ostrym nosem, na którym trzymały się okulary przeciwsłoneczne. Rozpięta pod szyją koszula w paski, mieniące się ciemnogranatowe spodnie, czarne buty, z jakby końskimi mosiężnymi uzdami na podbiciu – czyż ta wymuskana zjawa może być królem melonów?

Mężczyzna chrząknięciem zakończył rozmowę i zanim zwrócił na nas okulary, sięgnął po papierosa.

– Chcielibyśmy kupić trochę melonów – powiedziałem – a podobno pan ma najlepsze.

Może stał się sympatyczny, bo usłyszał komplement, a może i on nadal pozostawał pod wpływem lunchu. Dość że wstał grzecznie i machnięciem papierosa wskazał górę owoców za swymi plecami.

– To – rzekł – są najlepsze z najlepszych, *sublimes* z Charente, ulubione melony Aleksandra Dumasa starszego. Oczywiście jednak – dodał – o tym wszyscy wiedzą. – Ujął końcówkę zwiniętego węża i skierował pył wodny na sterty spiętrzone w głębi pod ścianą. Miałem wrażenie, że to w pierwszej kolejności zaleca podręcznik sprzedawcy melonów, jako sposób na spotęgowanie ich zapachu, odurzającego, wilgotnego, intensywnego. Mężczyzna wybrał owoc, nagniótł kciukiem przy szypułce i powąchał, zanim podał go mnie, a sam się odwrócił, aby zajrzeć do kąta za metalowym stołem.

Melon wydawał się dziwnie ciężki jak na swą wielkość, skórkę miał upstrzoną kropelkami wody, zagłębienie szypułkowe dosyć miękkie. Wdychaliśmy aromat i cmokaliśmy z podziwu. Król melonów uśmiechnął się, co wcale nie pasowało do osiemnastocalowej maczety, którą znalazł w kącie.

– Teraz muszą państwo zobaczyć miąższ. – Odebrał mi melona. Błysnąwszy ostrzem, rozpłatał go na dwie połowy, jaskrawopomarańczowe, wezbrane sokiem. Taki przysmak, powiedział, „urzeknie gardło i ochłodzi brzuch”. (Później odkryłem, że zapożyczył ten wers od miłośnika melonów, a zarazem poety, wtedy jednak cytat wywarł ogromne wrażenie).

Po skończonym pokazie mężczyzna popatrzył na nas z nadzieją.

– Mogę pobrać umiarkowaną cenę za dziesięć kilo – rzekł – i udzielić rabatu, jeśli wezmą państwo więcej niż tonę. Ale muszą państwo załatwić transport. – Jego brwi ukazały się nad okularami, uniesione w oczekiwaniu na zamówienie.

Skąd mieliśmy wiedzieć? Przyjaciele nie powiedzieli nam, że to *grossiste*, hurtownik, każdego lata wysyłający tysiące ton melonów na najlepsze paryskie stoły. Dobrze o nim świadczy, a zadaje kłam jego reputacji fakt, że pozwolił nam kupić dwanaście sztuk i dorzucił garść wilgotnej słomy do wyłożenia płytkiej drewnianej skrzynki, którą nam dał, abyśmy mieli w czym je zabrać.

Zanim wróciliśmy do samochodu, wstąpiliśmy do kawiarni, gdzie kolejnym znawcą melonów okazał się kelner. Trzeba zrobić jedno, powiedział, mianowicie odciąć kawałek owocu z góry, wygarnąć pestki, wlać do środka butelkę wódki i na dobę włożyć go do lodówki. Po wchłonięciu wódki miąższ będzie mocnym, niewyobrażalnie delikatnym deserem.

Czymś, co urzeknie gardło i ochłodzi brzuch?

– *Voilà* – odparł. – *Exactemen*t.

Zwiedzanie osobliwego muzeum

W jakim innym kraju na świecie odbywa się żabi targ albo ślimaczy festiwal? A oficjalne obchody ku czci kiełbasy? Czy jest dzień specjalnie poświęcony czosnkowi? Gdzie poza Francją ukazuje się sery, jeże morskie, ostrygi, kasztany, śliwki i omlety w blasku miejscowych jupiterów, wszędzie indziej zarezerwowanym dla zwycięskich drużyn piłkarskich czy dla zdobywców nagród na loterii krajowej?

Cóż więc dziwnego, że jest tu muzeum, poświęcone tak szlachetnemu i niezbędnemu przyrządowi, jak korkociąg. Ostatecznie w kraju, w którym wyrób i picie wina uchodzi za jedną z bardziej cywilizowanych form kultu, chyba należy uznać zasługi czegoś, co odkorkowuje butelki z rozkoszną zawartością. Ale żeby dowodem uznania było całe muzeum? Musi być małe, pomyślałem, to pewnie karzełek wśród muzeów, z kilkudziesięcioma korkociągami, znalezionymi na strychu, w domu zachłannego przodka. Nie spodziewałem się zobaczyć Luwru w miniaturze.

W rzeczywistości powstanie muzeum wiąże się z przekształceniami na szosie D 188 pod samym Ménerbes. Ten jej odcinek bardzo przypominał dziesiątki innych w dolinie. Wśród winnic po jednej stronie drogi stał stary wiejski dom, po drugiej warsztat samochodowy monsieur Pardigana (strzeżony przez dwie gęsi) – na przestrzeni paruset metrów krajobraz niczym się nie wyróżniał, a choć był dość przyjemny, nie skłaniał kierowcy do zmniejszenia prędkości czy zatrzymania samochodu.

Teraz po warsztacie i gęsiach nie ma śladu, dom natomiast obrosły skrzydła i przybudówki, z takim sercem i sprytem dodane, że trudno się zorientować, gdzie kończy się stary, a zaczyna nowy. Winorośl wypielęgnowano, na końcu każdego rzędu posadzono krzewy różane. Krótka aleja, ocieniona stuletnimi oliwkami, prowadzi od szosy do budynku. Wszystko dokoła świadczy o guście i sporych nakładach pieniężnych.

Ta zmiana krajobrazu dokonała się za sprawą Yves'a Rousset-Rouarda, obecnego mera Ménerbes. Umiłowanie wina zawiodło go kiedyś do domu aukcyjnego Drouot w Paryżu, gdzie między innymi licytowano kolekcję korkociągów. Kupił je, zafascynowany ich różnorodnością i historią. Kupił więcej i stał się znany w kręgu zbieraczy i handlarzy. Kupował dalej. Wciąż jeszcze to robi. Teraz ma setki korkociągów, każdy inny. Koszmarnie trudno je przechowywać – chyba że się posiada winnicę, winną piwnicę i ładny budynek do trzymania ulubionych przedmiotów.

Zwiastuna tego, co czeka dalej, można zobaczyć w probierni. Tu, na drewnianym stole, leży olbrzymi korkociąg, długości dobrych trzech stóp, który podnosić trzeba obiema rękami i z pomocą kogoś muskularnego używać do odpowiedniej, kilkugalonowej butelki – korkociąg o wiele za duży, aby mógł się pomieścić w gablocie. Samo muzeum mieści się za probiernią i jest surowe, eleganckie, mroczne jak kościół, ze światłem płynącym tylko z dziesiątków oszklonych gablot, wbudowanych w ściany.

Jest tutaj ponad tysiąc korkociągów, każdy opatrzony metryczką, informującą o jego pochodzeniu i miejscu, jakie zajmuje w historii tych przyrządów. Są one świadectwem romansu człowieka z butelką, pomysłowości w przekształcaniu rzeczy funkcjonalnej w akcesorium ozdobne, zabawne, cudaczne, niekiedy sprośne. Korkociąg jako fallus, korkociąg jako kobiece nogi, które trzeba ścisnąć, korkociąg wmontowany w pistolet albo nóż myśliwski, korkociąg ukryty w lasce bądź przymocowany do czegoś, co wygląda na kastet – korkociągi z wszelkimi ozdobami, jakie można sobie wyobrazić, prezentowane w atmosferze salonu jubilerskiego. (Dość stosownie, wśród eksponatów znajduje się korkociąg od Bulgariego). Uchwyty z rogu, drewna oliwki, bakelitu; sarnie kopytka albo kukły senatora Volsteada, ojca prohibicji; korkociągi składane, korkociągi noszone w kieszonce kamizelki, przykład – jeden z zaledwie trzech, o których istnieniu wiadomo – najdawniejszego korkociągu i jego staranniej wykonany dwudziestowieczny potomek; a w razie gdyby ta niepełna lista atrakcji nie wystarczała, jest to jedyne znane mi muzeum, gdzie można dostać drinka. Lepiej – gdzie zwiedzającego zachęca się do picia.

Po powrocie do probierni, oślepiony blaskiem późnego popołudnia, z wielką przyjemnością spędzi pół godzinki na degustowaniu win, wyprodukowanych na terenie tej posiadłości, i może na wznoszeniu toastów za obsesję jednego człowieka. Nic dziwnego, że można tu nawet kupić korkociąg.

Planowanie własnego *château*

Chyba nigdy nie nudzi nas szperanie po cudzych strychach, a pchle targi, na których sprzedaje się wszystko, od nocników po stare babcine szafy, cieszą się w Prowansji dużą popularnością. Z wyprawami na targ wiążą się jednak niebezpieczeństwa. Szukanie na straganach może wejść w nałóg i często prowadzić do tego, co nasz amerykański przyjaciel nazywa eskalacją antyków – do kupowania po okazyjnych cenach takiej masy sprzętów, że zabrać je można tylko ciężarówką. Dlaczego ktoś ma poprzestać na zawartości domu, kiedy może kupić sam dom czy choćby jego wielkie kawały? Oficjalnie nazywa się to ochroną zabytków architektury, a na peryferiach Apt jest cudowny przykład czegoś takiego, składnica, gdzie można spędzić parę radosnych godzin na budowaniu w myślach wymarzonego *château*.

Bracia Chabaud, Henri i Jean, mają kilka akrów jakby zburzonego starożytnego miasta. Zawsze jeżdżę tam w skromnych zamiarach – po żeliwny szyber, starą kamienną kadź ogrodową, parę ręcznie robionych dachówek – lecz wkrótce zapominam o celu podróży, przyłapuję się natomiast na rozważaniu pomysłów bynajmniej nie na moją kieszeń, równie mało praktycznych, jak wspaniałych.

Tym razem zaczynam puszczać wodze wielkopańskiej fantazji tuż po wejściu na teren składnicy, kiedy ukazuje mi się półleżąca amfora, wsparta na wypukłości brzuśca. Jest dość duża, aby pomieścić rosłego mężczyznę, ma dobrych siedem stóp wysokości i otwór szerszy niż moje bary. Wspaniale wyglądałaby w ogrodzie, przy końcu cyprysowej alei. Lecz co byśmy w nią włożyli? Trzy tony ziemi, aby zaflancować trochę pelargonii? Gościa, który się zasiedział? Pozostawiam to do rozstrzygnięcia wyimaginowanemu głównemu ogrodnikowi i ruszam przed siebie.

W oddali widzę coś innego, co w domowym otoczeniu stanowiłoby akcent osobisty: całą bramę, kamienne kolumny połączone takimż łukiem, z ozdobnymi żelaznymi skrzydłami na zawiasach. Podchodzę bliżej i odczytuję adres, wykuty w łuku wyraźnymi, dużymi literami: „Château Lachesnaye". Teraz potrzeba nam do bramy tylko zamku.

Są tu wszystkie elementy, tyle że dopasowanie ich do siebie mogłoby mi zająć całe życie: dachówki, kamienne płyty podłogowe, monumentalne kominki z ciosanego kamienia, dębowe belki, frontony, palladiańskie kolumny, schody prowadzące w każdym kierunku – prosto w górę, w lewo lub w prawo. Prawie każda rzecz jest na olbrzymią skalę, zrobiona raczej z myślą o koszykarzach niż o pierwotnych właścicielach z siedemnastego i osiemnastego wieku. Ówcześni ludzie byli niżsi. Czy lubili się czuć w swoich salonach jak karły? Czy potrzebowali map, aby nie błądzić po korytarzach i przedpokojach? Czy gubili kiedyś służących w labiryncie strychów i poddaszy?

Słońce mocno przypieka, więc siedzę w cieniu, obok dziwnego posągu piersiastej kobiety, która od pasa w dół w niepojęty sposób przemieniła się w lwa. Wybiegam oczami dalej i widzę dwoje ludzi w średnim wieku, a przy nich młodszego mężczyznę, pewnie architekta. Właśnie skończył obmierzać bardzo stary, bardzo piękny kominek.

– Za duży do tego pokoju – mówi.

– Bzdura – odpowiada klient. – Po prostu go przytniemy, żeby pasował.

Architekt się krzywi, uczucia ma wypisane na twarzy. Oto piękny kawał kamienia, o idealnych proporcjach, który jakoś przetrwał grabieże i zniszczenia minionych dwustu lat, od rewolucji francuskiej do drugiej wojny światowej. Teraz może paść ofiarą wciskania w wolny kąt.

Za osobami zebranymi wokół kominka schody, tej szerokości co pokój, wznoszą się piętnaście stóp nad ziemię i urywają w powietrzu, a na najwyższym ich stopniu drzemie kot. W zasięgu wzroku wszędzie walają się okruchy wspaniałych budowli, mnie zaś ciekawi, jak żyłoby się w zamku. Jak płynęłyby dni w jednej z tych ekstrawaganckich kamiennych jaskiń? Po pierwszym dreszczu podniecenia, wywołanym jadalnią o rozmiarach boiska do piłki nożnej, człowiek musiałby stawić czoło realiom, zwłaszcza zimie: brakowi centralnego ogrzewania, coraz większej wilgoci, spartańskim warunkom higienicznym, niedostatecznemu oświetleniu, potrawom stygnącym w czasie długiej podróży z kuchni na stół – życiu, tak przypadkiem się składa, bardzo zbliżonemu do życia w droższych angielskich szkołach z internatem.

To nie dla mnie. A już na pewno nie tego popołudnia. *Châteaux* najlepiej oglądać w wyobraźni, gdzie panuje wieczne lato, i mój chyba tam pozostanie.

Zapoznawanie się z trudnościami mieszkaniowymi

Po paru tygodniach, spędzonych w Prowansji, przyjezdny nacieszył się słońcem, przemierzył kilkanaście targowisk, odwiedził winnice, pokłonił się w kościołach, posiedział na kawałku historii starożytnej w rzymskim teatrze. Innymi słowy, zobaczył to, co każdy aktywny, ciekawy turysta. Teraz może chciałby zobaczyć nieco więcej; zobaczyć, jak żyją tu ludzie. A właściwie dobrze się przyjrzeć niektórym ich domom.

Domy obcych nas fascynują, jeśli zaś ci obcy i ich domy są w nieznanym kraju, z jakiegoś powodu fascynują tym bardziej. Komuś zaproszonemu do środka wpadają w oko drobne szczegóły: tytuły na grzbietach książek biegną w złą stronę. Znaki firmowe każdej rzeczy, od mydła po lodówkę, są nieznajome. Okna otwierają się do wewnątrz, nie na zewnątrz. Drewniane okiennice mają cudownie wyblakłe barwy, w pokojach są kamienne kominki, sklepienia. Dom nawet pachnie inaczej. Wszystko jest odrobinę egzotyczne. Człowiek przyłapuje się na myśli, że rozkosznie byłoby mieć dom z dala od ojczyzny, tutaj w Prowansji. A czy można wolne popołudnie spędzić na czymś przyjemniejszym niż rozpatrywanie różnych uroczych ofert?

Na scenę wkracza pośrednik.

Choć nie dysponuję dokładnymi liczbami, w Luberon *agents immobiliers* jest prawie tylu co piekarzy. W każdej wsi dość dużej, aby mieć własne święto i oficjalny parking, znajduje się co najmniej jedno biuro wielkości butiku, z jaskrawą szybą kuszącą fotografiami: małych ruin dojrzałych do przebudowy, gospodarstw z sadami czereśniowymi i dwudziestomilowymi widokami, *bastides, maisons de maître* i *bergeries*, całych wiosek – są tam, stoją w słońcu i czekają na czułe dotknięcie nowego właściciela. Cóż za wybór!

Pośrednik jest uszczęśliwiony przybyciem klienta, gratuluje mu rozumu i tego, że przyszedł najpierw tutaj, nie do konkurencji. Bo choć tyle różnych zdjęć wisi na wystawie, Luberon – jak wyjaśnia – cierpi na brak atrakcyjnych nieruchomości. Ale on ma wyjątkowe szczęście, jemu bowiem zlecono sprzedaż najlepszych, i z przyjemnością po nich oprowadzi.

W tym momencie łatwo wpaść w pułapkę. Klient próbuje być delikatny, więc mówi, że wolałby tylko zobaczyć położenie trzech czy czterech obiecujących domów, zanim zwiedzi wnętrza. Ma samochód i mapę. Jeśli się dowie, gdzie je znaleźć, nie będzie zabierał cennego czasu agentowi ani sprawiał niepotrzebnego kłopotu właścicielom.

Mais non. To, niestety, nie będzie możliwe i tu człowiek dostaje pierwszą nauczkę. Może usłyszeć wszelkiego rodzaju usprawiedliwienia, ale i tak już wie, dlaczego pośrednik odrzucił delikatną propozycję. W Luberon brak atrakcyjnych nieruchomości. Nie brak natomiast pośredników; właściwie jest ich za dużo, co powoduje ostrą konkurencję. Kiedy sprzedaż jednego obiektu zleca się trzem lub czterem agentom, jak to często bywa, ten, który zaprowadzi tam ewentualnego nabywcę, może żądać prowizji (całkiem przyzwoitej: pięciu albo więcej procent od ceny kupna). Obowiązuje zasada: kto pierwszy przychodzi, pierwszy dostaje. Dlatego wyprawa w jego towarzystwie ma dla agenta zasadnicze znaczenie. Pozwala mu zaznaczyć teren.

Nauczka druga: W atmosferze tak wielkiej podejrzliwości i tajemniczości najbardziej oczywiste i niewinne pytanie może zachęcić do cudownych uników. Powiedzmy, że w „Côté Sud", eleganckim czasopiśmie lokalnym, ktoś zobaczył ogłoszenie o sprzedaży domu i chciałby go obejrzeć. Dzwoni do pośrednika, którego nazwisko znalazł pod ogłoszeniem.

KTOŚ: Ciekaw jestem, czy mógłby mi pan coś więcej powiedzieć o jednej z wystawionych na sprzedaż nieruchomości – numer F2637.

AGENT: *Ah, un charme fou!*

KTOŚ: Tak, bardzo ładnie wygląda. Gdzie leży?

AGENT: Niech pan przyjedzie do mojego biura, to pokażę wszystkie zdjęcia.

KTOŚ: Nie wątpię. Ale gdzie właściwie leży dom?

AGENT: Między Awinionem a St. Rémy, zaledwie o czterdzieści pięć minut jazdy od lotniska...

KTOŚ: Ale gdzie? [Wspomniany obszar jest dość rozległy, aby mogła się na nim ukryć armia, cóż dopiero dom.]

AGENT: ...z jednego okna na piętrze roztacza się wspaniały widok na Alpilles...

KTOŚ: Blisko wsi?

AGENT: ...zwrócony na południe, aby chwytać całe słońce, w rzeczywistości *gorgée de soleil*, zaciszny, ale nie na uboczu...

KTOŚ: Jaka wieś?

AGENT: ...gdyby pan chciał się umówić, możemy tam jutro pojechać, to pan go obejrzy.

I tak dalej. Agent będzie się rozpływać nad rzymskimi dachówkami, dziedzińcem, dwustoletnimi platanami, winną piwnicą. Będzie opowiadać o mikroklimacie, o tym, że dom jest osłonięty od mistralu, ale tak idealnie usytuowany, że chłodzą go letnie wietrzyki. Poda każdy najdrobniejszy szczegół prócz nazwy miejscowości. Wreszcie, jeśli nadal nie potrafi klienta przekonać, że spotkanie w biurze to dla niego pierwszy krok na drodze do raju, może w przypływie desperacji zgodzić się na przesłanie mu teczki z kolejnymi fotografiami i opisem tej perełki.

Nauczka trzecia: W opisach domów używa się zaszyfrowanych słów, które po paru szkoleniowych wyprawach każdy będzie umiał przetłumaczyć.

Najpierw cena. Często nie jest podana, tylko zaliczona do jednej z trzech głównych kategorii.

1. *Prix intéressant*, cena interesująca. Prawie na pewno nie tak niska, jak można by sądzić na podstawie opisu, lecz najlepsza, jeśli ktoś chce mieć budynek z dachem.

2. *Prix justifié*, cena uzasadniona. Cóż, to ogromna suma pieniędzy. Ale w cenę wliczona jest marmurowa wanna i fantastyczny

dwunastowieczny loch, kompletny, z oryginalnymi kajdanami. Proszę pomyśleć o przyjęciach, jakie można by wydawać.

3. *Prix: nous consulter*, cena ostateczna. Suma, jakiej żądają, jest tak horrendalna, że nie ośmielają się podać jej na piśmie. Ale jeśli ktoś przyjdzie do biura i usiądzie, wyszepczą ją do zaskoczonego i niedowierzającego ucha.

Do ceny wyjściowej trzeba oczywiście dodać koszty zaadaptowania domu do własnych potrzeb, one zaś będą zależeć od jego ogólnego stanu i wystroju. Tutaj znowu wyodrębnia się trzy główne kategorie:

1. *Habitable*. W teorii można wnieść walizki i wprowadzić się zaraz, choć instalacje hydrauliczna i elektryczna pamiętają lepsze czasy, a dach niepokojąco się zapada. Dom nadaje się jednak do użytku. Mieszkają w nim właściciele.

2. *Restauré avec authenticité*. Stare kamienne płyty podłogowe, odsłonięte belki, dziwne zakamarki i częstokroć labirynt małych, mrocznych pokoi – w takich domach żyli w osiemnastym stuleciu wieśniacy. Ten, kto chciałby mieć więcej światła czy przestronniejsze pokoje, powinien się przygotować na wynajęcie pneumatycznej wiertarki i zaangażowanie kilku kamieniarzy.

3. *Restauré avec goût*. Gust zawsze jest trudny do określenia. W przekonaniu nabywcy *bon goût* – nawet *goût raffiné*, ze wszystkimi jego girlandami, kinkietami, iluzjonistycznymi freskami – to zazwyczaj coś innego niż w przekonaniu obecnych właścicieli. Dla pośrednika natomiast każdy gust jest dobry, bo pozwala wyśrubować cenę.

Człowiek stopniowo będzie się uczyć innych zaszyfrowanych słów, ale na pierwsze popołudnie te powinny wystarczyć. *Courage!* (I nie wolno zapomnieć o książeczce czekowej).

Udawanie, że się czyta

Jeśli jest jedna prowansalska tradycja, do której każdy przybysz powinien sięgnąć choć raz, to sjesta na świeżym powietrzu.

Rzecz dość dziwna, ale często z wielkim trudem przekonywaliśmy gości, że ten, kto jej zażywa, zdrowo, rozsądnie i krzepiąco spędza upalne popołudnie. Oni przywozili do Prowansji swoją niewzruszoną etykę pracy i z anglosaską nieufnością patrzyli na dogadzanie sobie, gotowi się opierać rozluźnieniu i pewnej dekadencji śródziemnomorskich obyczajów. Wyraźnie dochodzi u nich do głosu obawa przed bezczynnością. Nie po to, mówią, odbyliśmy tak daleką podróż, aby próżnować.

Próbuję podkreślać, że nieróbstwo wywiera korzystny wpływ na myślenie i procesy trawienne, lecz słuchacze odnoszą się do tego podejrzliwie. Chętnie natomiast przyjmują szaloną propozycję, aby po lunchu zagrać w tenisa. Nie pytajcie dlaczego. Mogę jedynie dopatrywać się jakiegoś perwersyjnego uroku w wysiłku fizycznym i niebezpiecznym forsowaniu serca ganianiem za piłką w czterdziestostopniowym upale. Jeżeli rozsądnymi argumentami nie potrafię przekonać graczy o ryzyku, na jakie się narażają, muszę wzywać pana Continiego, naszą miejscową Florence Nightingale. Proszę, aby przyjechał i zaparkował karetkę przy korcie tenisowym, ale nie gasił silnika. To prawie zawsze powoduje przerwanie gry, my zaś szczycimy się tym, że jak dotąd nie straciliśmy żadnego gracza. Ale nadal mamy problemy ze znalezieniem dla gości cywilizowanej rozrywki, która nie wywoła w nich poczucia winy i nie każe im siedzieć przy obiedzie ze skwaszonymi minami.

Okazało się, że najlepiej jest im dostarczyć literackiego pretekstu, okazji do pogłębienia wiedzy i wzbogacenia umysłów lekturą.

Wielkie znaczenie ma wybór książki. Dreszczowce, powieści przygodowe i sentymentalne się nie nadają; nie mają dostatecznego ciężaru intelektualnego ani fizycznego. Potrzebny jest ważki tom, coś, co człowiek zamierzał przeczytać – coś, co w swoim przekonaniu powinien przeczytać – gdyby tylko zdołał znaleźć wolny czas. Są setki odpowiednich tytułów i autorów, a my skromny ich wybór nazwaliśmy Biblioteką Hamakową. Składają się na nią książki Trollope'a, sióstr Brontë, Jane Austen, Hardy'ego, Balzaka, Tołstoja i Dostojewskiego. Nieodmiennie jednak spełniało swoje zadanie pudło z trzema tomami „Zmierzchu cesarstwa rzymskiego" Edwarda Gibbona.

Z tomem pod pachą pójdź między drzewami w cienisty zakątek ogrodu, skąd roztacza się widok na dolinę. Ułóż się ostrożnie w hamaku, popraw poduszkę i pozwól Gibbonowi spocząć na twoim brzuchu. Chłoń dźwięki: Koniki polne hałasują w krzakach, ich niestrudzone, zgrzytliwe, dziwnie kojące cykanie nasila się i przycicha w cieple popołudnia. Gdzieś w oddali słychać psa – jego niezdecydowane, przytłumione upałem szczekanie przechodzi w piskliwe ziewnięcie. Pod hamakiem gwałtowny szelest suchej trawy, kiedy jaszczurka chwyta robaka.

Wsparłszy łokcie na sznurach, podnosisz Gibbona do pozycji, w której możesz go czytać. Jakiż jest ciężki. Za kartkami otwartej książki widzisz swoje palce u nóg, linkę zawiązaną na drzewie, nieruchome liście karłowatego dębu i długą, niebieską panoramę Luberon. Myszołów ćwiartuje niebo, zataczając leniwe, wdzięczne łuki prawie bez machania skrzydłami. Gibbon jakby przybrał na wadze. Upada ci z powrotem na brzuch, a ty, jak już niejeden gość w podobnych okolicznościach, postanawiasz uciąć sobie krótką, najwyżej pięciominutową drzemkę, zanim znów zabierzesz się do lektury.

Budzisz się po dwóch godzinach. Światło na górze zaczyna się zmieniać, rąbek nieba nad jej grzbietem z błękitnego robi się fiołkowy. Gibbon zleciał na ziemię, leży pod hamakiem otwarty, z pozaginanymi kartkami. Strzepujesz z niego kurz, dla pozoru zakładasz stronę 135 i wędrujesz między drzewami z powrotem nad basen. Szybko do niego wskakujesz, po czym wynurzasz się z cudownym samopoczuciem, przekonany, że sjesta to wcale nie taki zły pomysł.

Genetyczne skutki jedzenia pasztetu z gęsich wątróbek przez dwa tysiące lat

Nie zanosi się na to, aby starość była niecierpliwie wyczekiwanym okresem życia, i żadne eufemizmy, jakimi posługują się wiekowi lobbyści, nie mogą jej uatrakcyjnić, kiedy wreszcie nadchodzi. Mimo wszystko starzenie się w Prowansji ma, moim zdaniem, swoje dobre strony, natury zarówno umysłowej, jak fizycznej; i nawet jedną finansową.

Powiedzmy, że ktoś przeszedł na emeryturę, a jego największym majątkiem jest dom. Zadowolony z tego domu, zamierza w nim mieszkać do swego ostatniego publicznego występu w rubryce zgonów. Ale koszty starości – zawsze są jakieś: ferrari dla wnuka, usługi zatrudnionego na stałe kucharza, wygórowane ceny win dobrych roczników – będą nieuchronnie rosły z roku na rok, aż w pewnym momencie bardzo mile widziany byłby nagły dopływ gotówki. Może wtedy należałoby się zastanowić nad sprzedażą domu na tych specyficznie francuskich warunkach, zwanych *en viager*.

Wiąże się z nią ryzyko. Dom sprzedaje się za cenę niższą od rynkowej, lecz z własną osobą, uprawnioną do mieszkania w nim do końca życia. Właściciel dostaje należność i nie musi się wynosić; nabywca ma szansę kupienia nieruchomości ze zniżką – zawsze pod warunkiem, że tamten nie zechce się zasiedzieć i długo stać mu na zawadzie. Niektórzy ludzie uważają ten system za makabryczny. Francuzi, zawsze bardzo praktyczni w kwestiach finansowych, widzą, że z przyczyn naturalnych tak dla jednego, jak dla drugiego może być opłacalny.

Czasami jest odwrotnie, czego dowodzi niedawny przykład Arles, miasta będącego pomnikiem długowieczności. Założone przed

Chrystusem i znane z urody swoich kobiet, było do roku 1997 miejscem zamieszkania madame Jeanne Calment. Jej historia to świadectwo zdrowego oddziaływania prowansalskiego powietrza i ostrzeżenie dla wszystkich, którzy spekulują nieruchomościami.

Urodziła się w roku 1875 i za młodu znała van Gogha. W wieku dziewięćdziesięciu lat postanowiła sprzedać swoje mieszkanie *en viager* miejscowemu prawnikowi, młodzikowi po czterdziestce, nie bez podstaw przekonanemu, że to lokata absolutnie bezpieczna.

Ale pani Calment żyła dalej. Żyła i żyła. Nacierała skórę oliwą, tygodniowo zjadała prawie kilogram czekolady, do setki jeździła na rowerze, palenie rzuciła w wieku 117 lat. Według oficjalnych danych była najstarszą osobą na świecie, kiedy wreszcie umarła, mając 122 lata. A nieszczęsny prawnik zmarł rok wcześniej jako siedemdziesięciosiedmiolatek.

Calment oczywiście należała do wyjątków, była plamą, która zamazuje symetrię statystyk ubezpieczeniowych. A jednak, choć osiągnęła wiek całkiem niezwykły, wcale bym się nie zdziwił, gdyby jej rekord pobił ostatecznie ktoś z grona rześkich osiemdziesięciolatków, których widuję każdego tygodnia – antykwariuszy, antydatujących część swego towaru, starszych pań, rozpychających się w *épicerie* łokciami z młodzieńczą energią, tych sękatych, lecz godnych postaci, kierujących niewyraźne słowa zachęty pod adresem pomidorów w swoich warzywnikach. Co takiego ma w sobie Prowansja, że utrzymuje te osoby przy życiu? Na czym polega ich sekret?

Przez kilka lat mieszkaliśmy w sąsiedztwie rodziny, której najstarszy członek, znany jako Pépé, co dzień mnie urzekał. Był niski, chudy, nieodmiennie ubrany w marynarkę i niebieskie, sprane spodnie, a płaskiej czapki ani na chwilę nie zdejmował z głowy, kiedy przechadzał się po drodze, następnie zaś skręcał na nasz podjazd, aby obejrzeć winorośl. Najbardziej lubił, kiedy w długich, zielonych alejkach pracowali ludzie – zajęci pieleniem, przycinaniem zbyt długich pędów, podsypywaniem siarczanu – bo wtedy mógł się wesprzeć na lasce i nadzorować.

Chętnie udzielał rad, do czego – jak nieraz przypominał oczarowanym słuchaczom – upoważniało go z górą osiemdziesięcioletnie doświadczenie. Jeśli ktoś był na tyle bezczelny i śmiały, że nie zgadzał się z nim w kwestiach dotyczących wina czy pogody, Pépé odgrzebywał w pamięci jakieś zakurzone dowody na potwierdzenie swych racji. „Oczywiście – powiedział kiedyś – pan nie może pamiętać lata 1947 roku. W sierpniu grad wielkości przepiórczych jajek. Winorośl już nigdy nie wróciła do poprzedniego stanu". Zazwyczaj tego rodzaju uwaga kładła kres swobodnej rozmowie o tym, że warunki sprzyjają dobremu winobraniu. Optymizmu nie da się połączyć z przyrodą, mawiał. Po jakiejś godzinie, upewniwszy się, że ludzie odpowiednio doglądają winnicy, ruszał naszym podjazdem i drogą do kuchni synowej, niewątpliwie po to, aby nadzorować przyrządzanie południowego posiłku.

Według mnie był człowiekiem zadowolonym. Zmarszczki i fałdy układały się na jego twarzy tak, jakby zaraz miał się uśmiechnąć. (I rzeczywiście często się uśmiechał, błyskając raczej dziąsłami niż zębami, ale mimo to rozkosznie). Nigdy nie widziałem go podnieconego czy zdenerwowanego. Łagodnie krytykował niektóre nowinki, na przykład hałaśliwe motocykle, przepadał natomiast za innymi, zwłaszcza za dużym telewizorem, bo mógł dzięki niemu oglądać ulubione stare amerykańskie seriale. Umarł, kiedy był gotów, gdzieś po dziewięćdziesiątce, a jego odejście uczczono serdecznym wiejskim pogrzebem.

Jest wielu takich jak on. Widuje się ich, podążających, nieraz dość szybko, a zawsze bardzo rozważnie, w stronę kawiarni, gdzie zajmą swoje miejsca i wypiją poranny łyczek wina albo pastisu. Widuje się ich na wiejskim placu pod pomnikiem bohaterów wojny. Jak sympatyczne myszołowy przycupnęli rzędem na drewnianej ławeczce, ręce, opuchnięte i brązowe w stawach, zacisnęli na laskach; albo siedzą na krzesłach, w cieniu przed frontowymi drzwiami swoich domów, lustrują wzrokiem ulicę, widzą wszystko. Według dzisiejszych kryteriów mieli ciężkie życie, uprawiali ziemię, z dużym wysiłkiem zdobywali środki na utrzymanie. Żadnych wyjazdów na narty, zimowych wakacji na Morzu Karaibskim, drugich domów, nowych samochodów co trzy lata, nic z tego, co wciąż uważa się za oznakę dobrobytu. A jednak są, żwawi, szczęśliwi, na pozór niezniszczalni.

Zbyt liczni, aby uchodzić za wyjątki, więc ilekroć ich spotykam, zawsze chciałbym prosić o wytłumaczenie przyczyn tej długowieczności. W dziewięciu przypadkach na dziesięć jedyną odpowiedzią byłoby wzruszenie ramionami, toteż sam spróbuję wyciągnąć wnioski.

Tego pokolenia chyba nie dotknęła współczesna choroba, zwana stresem, może dlatego, że w pracy miało do czynienia z przyrodą, nie z humorzastym szefem. Przyroda – z burzami, pożarami lasów i chorobami roślin – też nie jest godnym zaufania ani pobłażliwym pracodawcą. Ale przynajmniej nie żywi osobistych uraz, nie ulega naciskom biurowej polityki, nikogo nie faworyzuje. Zły rok jest zły dla wszystkich sąsiadów i nic się na to nie poradzi, można tylko mieć nadzieję, że nadejdą lepsze czasy. We współpracy (albo w walce) z przyrodą człowiek uczy się filozoficznego nastawienia, a nawet czerpania jakiejś przewrotnej przyjemności ze swych narzekań. Każdy, kto mieszkał wśród rolników, wie, z jakim upodobaniem rozprawiają o nieszczęściach, choćby i własnych. Są tacy sami jak agenci ubezpieczeniowi.

Coś uspokajającego musi też być w pracy zgodnej z ustalonym, przewidywalnym rytmem pór roku, w świadomości, że wiosna, wczesne lato i okres zbiorów będą pracowite, a zima będzie upływać powoli i spokojnie. Zapewne większość dyrektorów przedsiębiorstw – zżeranych niecierpliwością i ambicją – w następstwie takiego trybu życia prędko wyciągnęłaby nogi. Ale nie wszyscy. Mam przyjaciela, podobnie jak ja uciekiniera z reklamy. Parę lat temu przeniósł się tutaj i w Luberon zarabia na życie produkcją wina. Do pracy jeździ już nie dużym, połyskliwym samochodem z równie eleganckim kierowcą, tylko traktorem. Kłopotów przysparzają mu teraz nie kłótliwi klienci, tylko pogoda i wędrowne zgraje zbieraczy, którzy pojawiają się w winnicach na *vendange*. Nauczył się obywać bez tego, co Francuzi szumnie nazywają orszakiem sekretarek i asystentek. Z pewnym trudem przypomina sobie, kiedy ostatni raz zawiązał krawat. Pracuje do późna – dłużej niż kiedykolwiek robił to w Paryżu – i mniej zarabia. Ale czuje się lepiej, sen ma zdrowszy i naprawdę szczyci się swoją pracą. Jeszcze jeden zadowolony człowiek.

Może kiedyś zapragnie powiększyć szeregi żywych antyków, jak ich nazywa, całymi dniami przesiadujących w wiejskiej kawiarni. Tymczasem prowadzi życie, które wymaga ciągłego wysiłku fizycznego, co musi być ważną częścią recepty na długowieczność. Ciało ludzkie, powiadają uczeni (choć sami przeważnie siedzą), jest mechanizmem i dobrze mu robi, kiedy się go używa. Bezczynność powoduje zanik mięśni, inne części systemu zaś psują się szybciej, niż gdyby je regularnie poddawano ćwiczeniom. W mieście szuka się rozwiązania w biegach i gimnastyce. Prymitywniejszą alternatywą jest praca na roli, wiejski aerobik, niezbędny do życia. Pochylanie się i prostowanie, aby przycinać, podnoszenie i układanie na stos worków z nawozem, karczowanie zarośli, układanie kloców – to nie fascynujące zajęcia, lecz cudowna gimnastyka. Jeden dzień takiej pracy przynosi bohaterski plon bąbli i bolesną sztywność. Miesiąc nagradza dobrym samopoczuciem i wyraźnym luzem w pasie. Całe lata życia działają cuda.

Nawet w miesiącach zimowej bezczynności z rozkosznego bezruchu często wyrywa mężczyzn polowanie. Teraz, z uwagi na to, że w Luberon wyginęła zwierzyna, polega ono zazwyczaj na spacerze z bronią. Ale cóż to za spacer – ostra, trudna wspinaczka, wyzwanie dla nóg, masa czystego powietrza dla płuc, zaprawa dla serca. I chyba dla tych zbrojnych optymistów nie ma granicy wieku. Zdarzało mi się spotykać w lesie myśliwych, którzy wyglądali tak, jakby na świat przyszli przed wynalezieniem prochu strzelniczego. W mieście może bym zaproponował, że przeprowadzę ich przez ulicę. W Luberon dają mi w kość i gwarzą, podczas gdy ja, spocony, próbuję dotrzymać im kroku.

Średnia wieku rowerzystów, w mojej pamięci zawsze młodych mężczyzn, tuż po dwudziestce, jakby wzrosła, choć ich strój pozostaje łudząco młodzieżowy. Barwne plamy, połyskliwe w skórze ze szmaragdowej, zielonej czy fioletowej lycry, furkoczą na drodze niczym olbrzymie, nisko lecące owady. Dopiero kiedy wstąpią do kawiarni na piwo, widać siwe głowy i węźlaste żyły mężczyzn, którym od lat należy się emerytura. Skąd biorą tę energię? Czy nie wiedzą, że powykręcani przez artretyzm powinni dreptać do apteki, zamiast robić sto kilometrów przed lunchem? Co oni zażywają?

Cóż by innego, jak nie dobre jedzenie i jeden lub dwa kieliszki wina? Przeczytałem kiedyś ponurą sentencję greckiego lekarza Hipokratesa: „Śmierć tkwi w trzewiach; złe trawienie jest źródłem wszelkiego zła”. Jeśli to prawda, trzeba założyć, iż długowieczne prowansalskie trzewia są niesłychanie sprawną częścią ekwipunku, zgodnie z logiką zaś można tę sprawność bezpośrednio przypisywać temu, z czym mają do czynienia na co dzień.

Powstały różne dość ważne i apetyczne teorie, które tłumaczą zdrowe działanie prowansalskich wnętrzności. Jedna z nich głosi, że jest ono następstwem regularnego spożywania oliwy albo częstych dawek czosnku, spłukiwanych czerwonym winem – w ilościach od jednego do pięciu kieliszków na dzień, zależnie od tego, jakiemu naukowemu opracowaniu człowiek woli dać wiarę. (Pięć to chyba dobra, okrągła liczba). Ale muszę się jeszcze zapoznać z jakąś teorią uczonych żywieniowców na temat ulubionych przeze mnie danych. Zachorowalność na serce jest tutaj niższa niż gdziekolwiek indziej we Francji i niejednokrotnie podaje się, że jest również niższa niż w jakimkolwiek innym kraju rozwiniętym, z wyjątkiem Japonii.

A co stanowi podstawę wyżywienia tych szczęśliwców z południowego zachodu Francji? Papka niskosodowa? Makrobiotyczny twaróg z fasoli? Kotlety orzechowe, a od czasu do czasu grzeszny kieliszeczek bezalkoholowej, bezcukrowej namiastki musującego wina? Na przekór konwencjonalnej wiedzy dietetyków i przyjętym zasadom gastronomicznej ostrożności, na południowym zachodzie jada się dużo rzeczy tłustych, zwłaszcza gęsi i kaczego tłuszczu. Smaży się na nim ziemniaki, dusi w nim fasolę na znakomity *cassoulet*, przechowuje confity, a pasztet z gęsich wątróbek to sam tłuszcz. (Pasztet ten w rzeczywistości wynaleźli Rzymianie. Francuzi, którzy umieją się poznać na dobrym jedzeniu, nadali mu nazwę francuską i od tej pory z typową dla siebie skromnością uważają go za swój skarb narodowy). Jak może to tłuste i pyszne jedzenie decydować o długim, zdrowym życiu? Czy możemy się spodziewać, że kiedyś pasztet z gęsich wątróbek zastąpi tofu i soję w jadłospisach zgodnych z zaleceniami żywieniowców? Czy tłuszcz naprawdę wychodzi człowiekowi na zdrowie?

Może to zależeć od pochodzenia tłuszczu, lecz policja żywieniowa nie jest skłonna dostrzegać takich drobnych różnic. Całymi latami pouczała nas o szkodliwości tłuszczu; każdego tłuszczu. Podobno w Kalifornii, gdzie można podziwiać ludzi zbudowanych wyłącznie ze skóry, kości, mięśni i zdrowych ilości silikonu, władze poważnie zastanawiały się, czy nie ogłosić, że tłuszcz jest substancją zakazaną. Artykuły żywnościowe nawet tutaj, we Francji, muszą się na etykietach spowiadać ze zbrodni przeciw wnętrznościom społeczeństwa, jaką jest pewien procent tłuszczu. Tłuszcz ma fatalną reputację, toteż znalezienie tego zakątka Francji, gdzie spożywa się olbrzymie ilości czegoś tak niedozwolonego, tak pełnego cholesterolu i niebezpiecznego dla arterii, jest, mówiąc w oględny sposób, sprawą tajemniczą.

W nadziei, że odkryję związek między pasztetem z gęsich wątróbek a znakomitym zdrowiem, przewertowałem kilka książek, poświęconych diecie i żywieniu. Zawierały tylko wciąż te same stare teorie, rozmaicie sformułowane, były jednak konsekwentne, jeśli idzie o tłuszcz. On zabija, powtarzały, a kto go będzie jadł regularnie, zapewne jeszcze w kwiecie wieku wyciągnie kopyta, na śmierć nim zatkany. Pragnąc poznać inną opinię, choćby nienaukową, postanowiłem poszukać źródła bardziej zbliżonego do wpływowych kręgów żywieniowców francuskich. Najpierw myślałem, czy nie zapytać szefa kuchni, ale ci znani mi i szanowani bardziej się troszczą o smak, za który poczuwają się do odpowiedzialności, niż o stan serca konsumenta, o który on sam powinien się martwić. Mógłbym od nich najwyżej oczekiwać rady, jakie sauternes jest najlepsze do pasztetu. Potrzebowałem opinii bardziej wyważonej.

Monsieur Farigoule nie jest kimś, komu można zarzucić wypowiadanie wyważonych poglądów, ale i tak poszedłem do niego w nadziei, że lata pracy nauczycielskiej pozwoliły mu zdobyć trochę wiedzy w zakresie żywienia. Znalazłem go, broniącego tradycji francuskich, w jego zwykłym miejscu przy barze, w zwykłym stanie silnego wzburzenia.

Tym razem wywołała je butelka chińskiego różowego wina, które jakiś złośliwy przyjaciel znalazł w tutejszym supermarkecie i podarował mu, niewątpliwie po to, aby go krew zalała.

Popchnął butelkę w moją stronę, więc spojrzałem na etykietę: Wino rosé, Wielki Mur, wyprodukowane w winnicy Huaxia w Hebei, Chiny.

– Najpierw próbują narzucić nam swoje trufle – złościł się Farigoule. – A teraz to... to paskudztwo w butelce.

Paskudztwo czy nie paskudztwo, w butelce została go tylko połowa.

– Jak smakuje? – zapytałem.

Wziął kieliszek, pociągnął łyk i przez chwilę obracał go w ustach.

– *Dégueulasse*... jak niełuskany ryż, przecedzony przez skarpetę. I to niezbyt czystą. Jak mówiłem, jest obrzydliwe. Bóg raczy wiedzieć, dlaczego zezwolili na sprowadzanie go tutaj. Czy nasze wina różowe nie są najlepsze na świecie? Tavel? Bandol? Ott? Czego jeszcze możemy się spodziewać? Chińskiego calvadosu?

W tym momencie dosiadł swego konika i pogalopował. Przez dziesięć minut wygłaszał tyradę o złych stronach wolnego handlu, o zagrożeniu dla uczciwych francuskich winiarzy i potwornościach, jakie mogą się zdarzyć, skoro Chińczycy wepchnęli już nogę w drzwi. Choć kilkakrotnie próbowałem naprowadzić rozmowę na dobrodziejstwo diety pasztetowej, nie chciał o tym słyszeć. Tematem dnia była chińska infiltracja i przynajmniej raz nie dostało się Amerykanom. Ja nie zrobiłem jednak żadnego postępu w badaniach.

Niewiele lepiej powiodło mi się z Régisem, bez wątpienia gorącym zwolennikiem francuskiego sposobu życia. Oczywiście pasztet z gęsich wątróbek jest zdrowy. To rzecz powszechnie wiadoma. Czy próbowałem tego, który robią siostry Rivoire w Gaskonii? *Une merveille*. Żadnego rzetelnego dowodu medycznego Régis nie potrafił jednak przytoczyć.

W końcu musiałem się zadowolić opinią Mariusa, konesera pogrzebów, który pewnego rana gestem przywołał mnie do kawiarni, bo najwyraźniej miał nowiny. Zanim zdołał się nimi podzielić, spytałem o jego teorie na temat diety i długowieczności.

– Można jeść, co się chce – zawyrokował – ale nie w tym rzecz. *La vieillesse nuit gravement à la santé.* Dla zdrowia niebezpieczna jest starość. To nie ulega wątpliwości.

Po tych słowach rozpromienił się i pochylił do przodu, aby zapoznać mnie ze szczegółami niedawnego interesującego zejścia. Jak zwykle, kiedy mówił o czyimś przeniesieniu się do wieczności, głos miał ściszony, poważny. Najwyraźniej jednak opowiadał o *l'affaire Machin* z dużą przyjemnością.

Wyglądało na to, że zmarły monsieur Machin, odkąd dorósł, przez całe życie entuzjazmował się Loterie Nationale. Co tydzień, w nadziei że mu się poszczęści, nabywał kupon, po czym wtykał go do górnej kieszeni jedynego garnituru i tam przechowywał. Ubranie wisiało w zamkniętej na klucz szafie i światło dzienne widywało tylko podczas rzadkich i krótkich występów na weselach, raz zaś podczas pamiętnego, powolnego, dziesięciominutowego przejazdu prezydenta Francji przez wieś. Co tydzień, po otwarciu szafy, miejsce starego, pechowego kuponu zajmował w kieszeni nowy. Machin przez trzydzieści lat regularnie dokonywał takiej zamiany – i nigdy nie wygrał ani centima.

Koniec nastąpił dla niego nieoczekiwanie, w pełni lata, pochowano go zaś, jak należy, odpowiednio do jego pozycji społecznej. (Był wieloletnim pracownikiem miejscowej poczty). Tydzień później, bo życie bywa tak niesprawiedliwe, okazało się, że wygrał na ostatniej loterii – nie wiele milionów, lecz okrągłą sumkę kilkuset tysięcy franków.

Marius urwał, abym ja mógł ogarnąć umysłem całą tę niesprawiedliwość, a on udać zdziwienie na widok swojego pustego kieliszka. Najpierw rozejrzał się po kawiarni, jakby chcąc się upewnić, że to, co powie, zostanie między nami, i dopiero wtedy podjął wątek.

Wyłonił się, jego zdaniem, *un petit problème*. Machina, jak przystało, pochowano w jego jedynym garniturze. W górnej kieszeni garnituru, zaledwie dwa metry pod ziemią, znajduje się zwycięski kupon. A reguły loterii są bardzo surowe. Bez kuponu nie ma pieniędzy. Czymś nie do pomyślenia jest odkopanie ciała, profanacja grobu. Jeśli natomiast nic się nie zrobi, będzie to strata skromnej fortuny.

– *C'est drôle, n'est-ce pas?* – Marius kiwał głową i uśmiechał się, zdolny w nieskończoność bawić się kaprysami losu – zawsze pod warunkiem, że nie on musi je znosić.

– Nie takie zabawne dla rodziny – powiedziałem.

– Ach, niech pan zaczeka. – Postukał się po nosie. – To jeszcze nie koniec. Wie o tym za dużo ludzi.

Ukazały mi się potworne wizje hien cmentarnych, skradających się nocą do wiejskiej mogiły, usłyszałem zgrzyt wbijanych w ziemię łopat, nagłe skrzypnięcie podważanego wieka trumny, pomruk zadowolenia, gdy odzyskano cenny kupon. Lecz na pewno, zwróciłem się do Mariusa, rodzina może dochodzić wygranej w taki sposób, aby nie zakłócać spokoju zmarłemu.

Oczywiście pogroził mi palcem, jakbym sugerował coś śmiesznego i niemożliwego. Przepisy są przepisami, stwierdził. Wystarczy raz zrobić wyjątek, a ludzie zaczną zmyślać historyjki o zniknięciu kuponów – zjedzonych przez psa, porwanych przez mistral, zapomnianych i wypranych w pralni – i nigdy nie przestaną. Marius pokręcił głową, po czym coś sobie przypomniał i sięgnął do kieszeni wojskowej kurtki.

– Przyszło mi do głowy, że moglibyśmy popracować razem. – Wyciągnął zwinięte czasopismo i wygładził zmiętoszone kartki. – Niech pan się temu przyjrzy.

Był to numer magazynu „Allo!", kroniki życia pomniejszych znakomitości, stałego elementu wyposażenia salonów fryzjerskich i poczekalni dentystycznych. Zawierał barwne zdjęcia ludzi bogatych i członków rodzin królewskich, robione w czasie zabawy, w domu, niekiedy na pogrzebach. To one podsunęły Mariusowi pomysł.

– Pracował pan kiedyś w reklamie – zaczął. – Dostrzeże pan możliwości.

Wszystko to sobie wykombinował. Jego plan polegał na wydawaniu podobnego pisma, poświęconego wybitnym, niedawno zmarłym osobistościom. Dla Francuzów byłoby zatytułowane „Adieu", dla Anglosasów – „Good Bye". Zawierałoby nekrologi wzięte z gazet, a w charakterze ilustracji fotografie, zrobione za życia wybrańcom – „Widziani w lepszych czasach", jak powiedział Marius. Stały specjalny felieton miałby tytuł Pogrzeb Miesiąca, wsparcia finansowego zaś udzielałyby reklamujące się na łamach pisma zakłady pogrzebowe, wytwórcy wiązanek, kwiaciarnie, producenci trumien, a co najważniejsze, organizatorzy przyjęć, ponieważ obfita stypa to istotna część każdego przyzwoitego pogrzebu.

– No? – zapytał Marius. – *C'est pas con, eh?* To byłaby złota żyła. Co tydzień umiera ktoś sławny. – Odchylił się do tyłu i uniósł brwi. Przez parę minut siedzieliśmy w milczeniu, pogrążeni w zadumie nad śmiercią i pieniędzmi.

– Nie mówi pan poważnie – odezwałem się w końcu.

– Oczywiście, że tak. Wszyscy o tym myślą. Na przykład pan. Musiał pan zastanawiać się nad tym, jak chciałby pan umierać.

Jeśli myślałem o znośnej śmierci, moje nadzieje streszczały się w słowie: nagła. Ale to nie wystarczało Mariusowi. Stary sęp interesował się szczegółami, miejscem i sposobem, a ponieważ nie umiałem ich podać, na znak dezaprobaty pokręcił głową. Chodzi o jedną z niewielu pewnych rzeczy w życiu, tymczasem ja poświęcam jej mniej uwagi niż temu, co zjem na obiad. On ze swej strony wszystko zaplanował; to projekt idealny, ostateczny triumf, kombinacja przyjemności, których zaproszony szczęściarz nigdy nie zapomni. Z całym entuzjazmem opisywał coś od lat wyczekiwanego, co – jeśli spełnią się jego nadzieje – rzeczywiście będzie niezwykłe.

Pierwszą istotną sprawą jest piękny letni dzień, niebo przechodzące z ciemniejszego do jaśniejszego błękitu w upale południa, lekki wietrzyk, chrzęst i chóralne cykanie koników polnych w krzakach jako podkład muzyczny. Śmierć podczas deszczu, powiedział Marius, pozbawiłaby miłą skądinąd okazję uroku. Rzeczą zasadniczą jest też dobry apetyt, Marius postanowił bowiem ostatnie chwile ziemskiego żywota spędzić przy lunchu na cienistym tarasie restauracji.

Naturalnie trzygwiazdkowej, z piwnicą, a w niej z winami niewyobrażalnie eleganckimi i drogimi: złoto-białymi burgundami, bordeaux z młodych krzewów, yquem z końca dziewiętnastego wieku, najlepszymi rocznikami szampana z najstarszych winorośli. Wybrałby je, nie oglądając się na cenę, kilka dni wcześniej, dzięki czemu szef kuchni mógłby dopasować do nich równie wspaniałe menu. Marius uniósł kieliszek kawiarnianego rouge ordinaire po dziesięć franków, pociągnął łyk, wzruszeniem ramion skwitował smak i mówił dalej.

Ważne jest też mieć w tym szczególnym dniu sympatycznego kompana i Marius już zadecydował, że odpowiednim gościem będzie Bernard, wieloletni przyjaciel. Nie tylko przyjaciel, lecz także miejscowa legenda, człowiek znany z tego, że niechętnie sięga do kieszeni, bo nie chce niepokoić swoich pieniędzy, człowiek, który z oszczędzania uczynił sztukę. Marius przypominał sobie, że przez cały okres ich znajomości Bernard tylko dwa razy musiał zapłacić w kawiarni, zresztą wyłącznie dlatego, że toalety były zajęte, więc w momencie regulowania rachunku miał odciętą zwykłą drogę ucieczki. Był jednak dobrym kompanem, znał mnóstwo historyjek, więc przy jedzeniu i winie mogliby we dwóch godzinami snuć wspomnienia.

Co do posiłku – *menu de mort* – Marius nadal zastanawiał się nad ostateczną kolejnością dań. Na pobudzenie apetytu może parę kwiatów *courgette*, smażonych w głębokim tłuszczu. Naturalnie trochę pasztetu z gęsich wątróbek. Może szarlotka z jagnięcia z Sisteron z bakłażanem albo gołąb w miodzie z korzeniami, albo wieprzowina duszona z szałwią (Marius chętnie pozostawiał wybór szefowi kuchni), potem zapiekany kozi ser z rozmarynem, później tarta wiśniowa z kremem waniliowym albo świeża brzoskwinia i zupa z werbeny...

Marius wstał, wpatrzony gdzieś poza mnie, w tę przyszłą ucztę, podczas gdy ja się zastanawiałem, czy znajdzie czas na umieranie albo czy zechce to zrobić, kiedy tyle rzeczy na stole będzie wymagało jego uwagi. Potrząsnął głową i myślami powrócił do kulminacyjnej chwili lunchu.

– Odbędzie się to tak – powiedział. – Objedliśmy się jak nigdy w życiu, opiliśmy się jak królowie, pośmialiśmy się i naopowiadaliśmy sobie różnych historii, poprzechwalaliśmy się powodzeniem u kobiet, przysięgliśmy sobie wieczystą przyjaźń, osuszyliśmy ostatnią cudowną butelkę, a popołudnie wciąż jeszcze jest wczesne. Nie jesteśmy całkiem gotowi odejść. Jeszcze kieliszek czy dwa, żeby jedzenie ułożyło się w żołądku, a cóż może być lepszego niż koniak z roku 1934, roku mojego urodzenia? Podnoszę rękę, aby przywołać kelnera – i wtem, paf!

– Paf?

– *Crise cardiaque*, zawał serca. – Marius opadł na stół, odwróciwszy głowę, aby na mnie popatrzeć. – Umieram momentalnie, lecz z uśmiechem na twarzy. – Przymrużył oko. – Bo Bernard będzie musiał zapłacić rachunek.

Rozsiadł się wygodnie i zrobił na piersi znak krzyża.
– To dopiero śmierć.

Trochę później tego samego dnia poszedłem z psami na spacer na równinę Claparèdes powyżej Bonnieux. Zapadał wieczór, nad górami na wschodzie blady, mleczny księżyc w trzeciej kwadrze wypływał na błękitne niebo, gdy tymczasem dla równowagi na zachodzie chowało się słońce. Ciepłe i suche powietrze cierpko pachniało cząbrem, dziko rosnącym na skrawkach ziemi między kamieniami. Jedynym odgłosem był szum wiatru, jedyną widoczną pamiątką obecności człowieka – parę metrów pokruszonego kamiennego muru, który osunął się w zarośla. Widok, zapewne nie zmieniony od setek, może tysięcy lat, przypominał, że życie ludzkie jest krótką chwilą.

Pomyślałem o madame Calment i jej stu dwudziestu dwóch latach, dla których pożywką była czekolada i papierosy, a także o środkach, zdaniem różnych prowansalskich ekspertów zapewniających długie i zdrowe życie. Ząbki surowego czosnku, codzienna łyżeczka pieprzu *cayenne*, wypijana w szklance wody, *tisanes* lawendy, oliwa w charakterze smaru. Zawiodłem się, bo żaden z doradców nie wspomniał o pasztecie z gęsich wątróbek; ale przecież nie powiedział o czymś jeszcze ważniejszym, o *joie de vivre* – umiejętności cieszenia się tym prostym faktem, że człowiek żyje.

Widać i słychać dziesiątki przejawów tej radości: rżnięcie w karty w kawiarni, hałaśliwą, dobroduszną wymianę zdań na targu, śmiech podczas wiejskiej *fête*, pełen wyczekiwania gwar w restauracji na początku niedzielnego lunchu. Jeśli istnieje coś takiego, jak recepta na długą, szczęśliwą starość, może ogranicza się tylko do tego: jeść, pić i być wesołym. Przede wszystkim, być wesołym.

Odkrywanie oliwy

Urodziłem się w Anglii w tym mrocznym wieku gastronomii, kiedy rzeczy smaczne były na ogół nieosiągalne albo racjonowane. Masło i mięso odważano w uncjach, raz na tydzień, jeśli do kogoś los się uśmiechnął. Świeże jajko należało do rzadkich przysmaków. Ziemniaki, sprzedawane w postaci sproszkowanej – chyba pod nazwą POM – po zmieszaniu z wodą tworzyły ciepławą, brudnobiałą papkę. Kiedy w wieku lat sześciu dostałem pierwszego po wojnie banana, nie miałem pojęcia, jak go obrać. Czekolada zaliczała się do niewyobrażalnych luksusów. Oliwa nie istniała.

Ostatecznie pojawiła się w Anglii tylko po to, aby ją uważano za ciekawostkę, która pochodzi ze złej strony Kanału i całkiem się nie nadaje do smażenia ryb, frytek, wołowiny i do pieczenia yorkshirskiego puddingu. Jeśli obdarzony inwencją kucharz odczuwał potrzebę kupienia znikomej ilości tego podejrzanego cudzoziemskiego płynu, mógł go szukać jedynie w sieci apteczno-drogeryjnych sklepów Bootsa. Tam, obok lekarstw na kaszel, plastrów na odciski, środków do czyszczenia protez, nacierania piersi i zwalczania łupieżu można było, przy odrobinie szczęścia, natrafić na małą, zwyczajną buteleczkę, taką jak inne ze specyfikami, ale opatrzoną na etykiecie napisem „Oliwa". Nikt nie widział potrzeby szczegółowego informowania, z jakiego kraju oliwa pochodzi, jak się nazywa plantator czy tłoczarnia, gdzie ją wyprodukowano, a cóż dopiero, że jest „ekstradziewicza", co pobudzająco działałoby na angielską wyobraźnię. Oliwa była po prostu towarem; nawet nie popularnym.

Dzisiaj, znana przez z górą dwa tysiące lat tylko na terenie południowej Europy, dotarła na północ, do tych zimnych, szarych krajów, gdzie drzewom oliwnym nie pozwalał rosnąć zdrowy rozsądek. Oliwki rozprzestrzeniły się też na zachodzie, po drugiej stronie Atlantyku, choć po przybyciu do Ameryki początki były dla tych pierwszych pionierek bardzo zniechęcające, bo – wrzucane do szklanek z lodowatym dżinem – dygotały z zimna w głębi koktajlu martini.

Na szczęście dla nas wszystkich świat się teraz ucywilizował. Można jeszcze znaleźć oliwki w barach, lecz wprowadzono też oliwę: najpierw do kuchni, ostatnio zaś na stoły w szaleńczo modnych restauracjach, z gatunku tych, w których gość dostaje osobną listę wód mineralnych. W tych restauracjach, niejednokrotnie stosujących efekciarskie chwyty, szefowie kuchni z reguły wymieniają nazwę wybranej przez nich oliwy, a ta z pierwszego tłoczenia stała się bohaterką wielu domowych sosów do sałatek. Wyszło z mody picie wysokoprocentowych trunków przed obiadem, weszły w nią natomiast talerzyki z oliwą do maczania chleba. Niestety, może już niedługo snoby oliwne zaczną odsyłać swoje talerzyki toskańskiej *frantoio* i żądać mniej znanej – a wskutek tego bardziej cenionej przez wybrednych konsumentów – toledańskiej *corni cabra*.

Ten coraz szerszy strumień oliwy to dobra wiadomość dla serca i arterii, zarówno jak dla kubeczków smakowych. Lekarze się zgadzają, o ile w ogóle są do tego zdolni, że oliwa jest zdrowa. Ułatwia trawienie, zwalcza zły cholesterol, opóźnia proces starzenia się skóry, kości i stawów, podobno chroni nawet przed niektórymi odmianami raka. Innymi słowy, można się nią delektować z czystym sumieniem, a jej światowe spożycie wzrasta.

Tutejszych, prowansalskich producentów trochę jednak irytuje, niekiedy wręcz napełnia gastronomiczną urazą prawie nieodmienne kojarzenie najlepszej oliwy z Włochami. Fakty nie pozwalają się temu dziwić. Włochy wytwarzają dwadzieścia pięć procent oliwy z basenu Morza Śródziemnego i przez całe lata włoscy plantatorzy – „te toskańskie gaduły", jak nazywa ich Régis – sprzedawali ją z wyobraźnią i wielkim powodzeniem. Prowansja, przeciwnie, sprzedaje zaledwie trzy procent całej oliwy śródziemnomorskiej i jak dotąd z nietypową skromnością przemilcza ten udział.

Na dane, dotyczące tutejszej produkcji, natrafiłem powodowany wieloletnią ambicją. Dawno temu, kiedy pewnego ranka zobaczyłem pierwszy nasłoneczniony stok, porośnięty oliwkami, pomyślałem, że miło byłoby mieć gaj – nawet mały, taki jak dla amatora – który mógłbym nazywać moim własnym i codziennie podziwiać. Szalenie mi się podobał prehistoryczny wygląd pni, rozłożyste korony i zmiana koloru liści z zielonego na srebrzystoszary, kiedy szeleściły na wietrze. Ale radość z widoku drzewa to był dopiero początek. Z biegiem lat nałogowo polubiłem owoce; jako takie albo w postaci czarnej, gęstej *tapenade*, używanej do polewania jajek przepiórczych, do tart i sałatek, do *daubes* albo do napychania w bochenki chleba. No i lubię oliwę. Smażymy na niej, dodajemy jej do zup, przechowujemy w niej kozie sery, a teraz zacząłem wypijać mały kieliszek codziennie przed śniadaniem. To jeden z najstarszych, najczystszych smaków na świecie, nie zmieniony od tysięcy lat.

Myśl o korzystaniu z wszelkich przyjemności, jakich dostarczałyby oliwki, rosnące zaledwie o parę kroków od domu, tak mnie podnieciła, że przeoczyłem oczywistą trudność: każde drzewo, tak przeze mnie podziwiane i pożądane, każdy taki sękaty, pomarszczony, bezczasowy pomnik przyrody miał co najmniej sto lat. Gdybym zasadził młode drzewka – powiedzmy, pięcioletnie, niewiele większe niż odrosty – musiałbym żyć o dodatkowe sto lat dłużej, aby na pewno doczekać zbioru. Lubię uważać się za optymistę, są jednak jakieś granice.

To Régis, zresztą jak nieraz, spróbował mi pomóc. Jeżeli chcę mieć czcigodne drzewa – w wieku od stu do trzystu lat – on zna faceta w Beaumes-de-Venise, który mógłby ich dostarczyć. Pod Beaumes-de-Venise jest mikroklimat i kawał ziemi na wzgórzach, gęsto porośnięty oliwkami, przyjaciel Régisa zaś chętnie wykopałby dla mnie kilka wspaniałych, starych okazów. Trzeba jednak spełnić dwa małe warunki, rzekł Régis: Zapłacić w gotówce i zgodzić się na nocną dostawę drzew.

– A to dlaczego? – zapytałem. – Czy drzewa nie są jego własnością?

Régis rozpostarł wyciągnięte przed siebie dłonie i pomachał nimi, jakby dla złapania równowagi.

– Niezupełnie – odparł. – Ale będą. Odziedziczy je po ojcu.

– Najpierw jednak ojciec musi umrzeć.

– *Tout à fait* – rzekł Régis. – Dlatego trzeba je przewieźć nocą, żeby niczego nie widzieli sąsiedzi. Stary się nie dowie. Nie wychodzi na dwór.

Nie bardzo przemawiała do mnie myśl o nielegalnym gaju oliwnym, więc zapytałem Régisa, czy nie słyszał o uczciwszym handlarzu drzewami.

– Cóż, są tacy – odparł. – Lecz trzeba uważać. Oni importują drzewa. – Uniósł brwi i pokręcił głową. – Nie chciałbyś mieć drzew włoskich, prawda? – Z jego tonu można by wywnioskować, że są dotknięte jakąś nieuleczalną chorobą. W każdym razie nie były francuskie, co wystarczało, aby Régis nie brał ich na serio pod uwagę.

Właściwie to dzięki niemu zrozumiałem, że wcale nie jestem pewny, czego chcę. Bez wątpienia starych drzew. Pięknych. Ale jakich? Naczytałem się dość, toteż wiedziałem o co najmniej kilkunastu odmianach, rosnących w Prowansji: mniejszych i większych, odporniejszych na zimno i niepożądaną działalność muszki oliwnej albo plenniejszych – lektura, choć przydatna do zdobycia ogólnych, podstawowych wiadomości, nie zawierała szczegółowych informacji, niezbędnych potencjalnemu plantatorowi. Ja, skołowany nowicjusz, potrzebowałem kogoś, kto potrafiłby mi powiedzieć, czy mam sadzić *salonenque, picholine*, czy *aglandau*, kiedy i gdzie to zrobić, jak nawozić i przycinać. Potrzebowałem profesora od oliwek.

W Prowansji nietrudno o ekspertów. Wszystkie znane mi bary są ich pełne, dowcip jednak polega na znalezieniu speca równie uczonego, jak zapalonego. Tym razem miałem szczęście. Przyjaciel wiedział o kimś – *un homme sérieux* – kto prowadzi mały, lecz dobrze prosperujący interes i handluje oliwą nie tylko z rodzimej Haute Provence. Zaczął z nią robić to, co *négociants* tradycyjnie robili z winem: znajdować najlepszą u setek plantatorów i w tysiącach gajów, rozproszonych w basenie Morza Śródziemnego. Teren jego działania obejmował Andaluzję, Katalonię, Kretę, Galileę, Grecję, Sardynię, Toskanię, góry Atlas – te miejsca, gdzie wyrabiano dobrą oliwę. Nazywał się, dość stosownie, Olivier, miał firmę Oliviers & Co, z głównym biurem we wsi Mane, nieopodal Forcalquier.

Wioska jest mała, biuro skromne – stary kamienny dom, zwyczajny i solidny. Biura mieszczą się na piętrze, a w sklepie na parterze klienci mogą przebierać w oliwach z całego świata. Nie tylko przebierać, lecz także degustować; na stole stoją butelki i leżą krótkie porcelanowe łyżeczki, tak że można skosztować, zanim się kupi. Można, dla przykładu, porównać oliwę z Andaluzji z oliwą z Chianti albo inną, z doliny Les Baux – wszystkie ekstra, z pierwszego tłoczenia, każda z innego gatunku owoców, każda o własnym, bardzo wyrazistym bukiecie i smaku, każda w swoistym kolorze, bo jest cała gama delikatnych odcieni, od jadeitowej zieleni po piękne, przezroczyste złoto. Oliwy, o czym przekonałem się w ciągu pierwszych trzydziestu minut, mogą różnić się charakterem tak jak wino. Nawet moje podniebienie, organ mocno tego rana zużyty po zbyt wielu wstrząsach, spowodowanych turbosprężoną kawą, potrafiło to dostrzec.

Podobieństwo z winem podkreślały noty, wystawiane po degustacji każdej oliwie. Ich język pobrzmiewał winną piwnicą: leciutki posmaczek cytrusów i pączków czarnej porzeczki, karczochów i pieprzu, świeżych ziół – takie słowa i zwroty można by usłyszeć z ust tych wspaniałych starców z czerwonymi nochalami, którzy rej wodzą w piwnicach Châteauneuf-du-Pape. Jedyna poważniejsza różnica polega na tym, że nie ma sensu chomikować oliwy na stare lata. Przeciwnie niż liczne wina, oliwa z wiekiem nie nabiera smaku; młoda jest najlepsza.

Z dobrze naoliwionym podniebieniem i jeszcze śliskimi zębami poszedłem na górę, aby poznać Oliviera. Ciemny, krótko ostrzyżony, w okularach, odznacza się spokojem i wyglądem naukowca, w dodatku zaś posługuje się terminologią naukową, o czym się przekonałem, kiedy poprosiłem o wytłumaczenie zwrotu, zaskakującego dla mnie od chwili, kiedy po raz pierwszy zobaczyłem go na butelce oliwy z włoskiego miasta Lucca. *Extra vérgine.*

Nie potrafiłem pojąć, jak coś może być ekstradziewicze. To zupełnie tak, jakby ktoś powiedział o kobiecie, że jest ekstraciężarna. Jak można stopniować dziewictwo? Określenie uważałem za typowo włoską autoreklamę – moja dziewica jest lepsza od twojej – której przyświeca jeden cel: imponująco prezentować się na etykietce.

Olivier spojrzał na mnie znad okularów.

– Istotnie są trzy stadia dziewictwa – odrzekł. – Cała oliwa zawiera wolne kwasy tłuszczowe. Aby być ekstradziewicza, musi ich mieć niespełna jeden procent. Kiedy ma więcej niż jeden procent, a mniej niż półtora, nazywa się *vierge fine*. Wszystko powyżej tego, do 3,3 procent, może się zaliczać tylko do oliwy dziewiczej. – Uśmiechnął się. – *Vierge ordinaire.* Rozumie pan?

Dalej mówił o rocznikach oliw, o procesie starzenia, jakiemu zaczynają podlegać po wytłoczeniu (ekstradziewicza przechowuje się dłużej od mniej dziewiczych, co miło mi było usłyszeć), i właśnie wypływaliśmy na głębsze wody cech organoleptycznych – czyli po prostu smakowych – kiedy spojrzał na zegarek i powiedział, że czas ruszać.

W drodze do Forcalquier, gdzie czekała mnie najistotniejsza część galijskiego procesu nauczania, długi i dobrze przemyślany lunch, lekcja odbywała się nadal. Byłem już świadomy, że oliwa służy człowiekowi w ogóle, nie miałem natomiast pojęcia o niektórych bardziej wyrafinowanych zastosowaniach. Na przykład oliwa utrzepana z żółtkiem jest maseczką na twarz, gwarantowaną odżywką dla najsuchszej cery. Oliwa z dodatkiem esencji rozmarynowej uśmierza ból zesztywniałych mięśni. Mieszanka oliwy z zieloną miętą, wcierana w skronie, podobno znakomicie pomaga na migrenę. Tym, których czeka obfity posiłek i picie, łyżka czystej oliwy – zażytej na czczo – powleka żołądek, łagodzi kaca i zapewnia gładki, systematyczny *transit intestinal*. Obiecuje też ulgę w przypadku obstrukcji i tej zwłaszcza francuskiej narodowej dolegliwości, *crise de foie* (buntu wątroby w następstwie przejedzenia tłustymi potrawami i nierozważnego wypicia drugiej butelki mocnego wina). Skoro więc utrzymuje wnętrzności w tak doskonałym stanie, obfite codzienne dawki ekstradziewiczej oliwy przedłużają życie. W sumie Olivier zdołał przedstawić oliwę jako panaceum na wszystkie ludzkie dolegliwości z wyjątkiem złamania nogi.

Choć może w niejednym przesadził, chętnie dawałem mu wiarę. Tyle jest w życiu rzeczy przyjemnych, od słońca po cygara, a zarazem jakoby szkodliwych, że coś zdrowego i miłego należy do rzadkości. Zresztą nie zamierzałem się sprzeczać, kiedy po przyjeździe do Forcalquier pośpieszyliśmy przez główny plac do restauracji o dziwnej nazwie – Le Lapin Tant Pis – i szefa kuchni, nazwiskiem Gérard Vives, którego chciałbym mieć za sąsiada. Podobnie jak dwóch kolegów Oliviera, szef jadł lunch z nami, co zawsze działa uspokajająco. Nie pierwszy raz okazałem się ignorantem w gronie ekspertów.

Olivier wyciągnął butelkę ze swoim najnowszym odkryciem, miejscową oliwą z Les Mées, której musieliśmy spróbować, zanim na serio weźmiemy się do jedzenia. Na poły oczekiwałem, że panowie wyjmą z kieszeni porcelanowe łyżeczki do degustacji, lecz technika była tu nieco bardziej wiejska. Rozdano chleb, któremu nie sposób się oprzeć, sprężysty, uginający się pod lekkim naciskiem palców. Patrzyłem, jak po obu moich stronach zawodowcy odrywają z bochenka kawałki i kciukami robią w nich małe zagłębienia. Po kolei brali butelkę i napełniali dołki oliwą. Pochylali głowy, nosami chłonęli bukiet. Później, delikatnie jak ptaszki, pociągali łyk oliwy, kosztowali, a przed połknięciem płukali nią tylne zęby. Następnie zjadaliśmy chleb, oblizywaliśmy palce i zaczynaliśmy od nowa.

Jest to tylko jedna z kilku metod degustacyjnych, prostsza od większości pozostałych. Na przykład na Korsyce parę kropel oliwy, nalanych na dłoń, ogrzewa się palcem. Jak mi powiedziano, Korsykanin oblizuje potem dłoń albo palec. Jest też metoda kartoflana, polegająca na kropieniu oliwą kawałków gotowanego na parze ziemniaka i zagryzaniu każdego kęsa jabłkiem, co ma oczyścić podniebienie. Przy każdej metodzie zaleca się parokrotne głębokie wdechy celem wymieszania w ustach powietrza z oliwą, dzięki czemu wydobyte zostają wszystkie cechy organoleptyczne. Wydaje się to łatwe, dopóki człowiek nie spróbuje. Stwierdza, szybko i z zakłopotaniem, że bez pewnej wprawy nie potrafi opanować sztuki trzymania oliwy w półotwartych ustach tak, aby z nich nie ciekła. Po zatłuszczonej brodzie zawsze można w grupie degustatorów poznać początkującego; w tym przypadku mnie.

Zdołałem utrzymać w ustach choć tyle oliwy, że doceniłem jej smak: pyszna, pikantna, miała na samym końcu leciutką pieprzną goryczkę. Olivier powiedział mi, że tłoczono ją z trzech różnych odmian – *aglandau, picholine* i *bouteillan* – odpornych na muszki i wytrzymałych na zimno, częste w tutejszym surowym klimacie. Może takich, jakie ja powinienem zasadzić.

Dobry, czterodaniowy lunch może mieć różne następstwa, a zanim wstaliśmy od stołu, zaproszono mnie na obejrzenie oliwek. Najodpowiedniejsza byłaby pora zbioru, powiedział Olivier, koniec listopada, około świętej Katarzyny. Postara się nawet o przewodnika-zapaleńca i człowieka *grande valeur* – który oprowadzi mnie po gajach i udzieli wyjaśnień.

Znajomość z Jean-Marie Baldassarim zawarłem w jego biurze w Oraison. Od pierwszej chwili wzbudzał sympatię – życzliwy, na luzie, tchnący spokojem, zgodnie z moimi wcześniejszymi obserwacjami typowym dla ludzi, którzy pracują w rytmie, jaki narzuca im przyroda i zmiany pór roku. Jean-Marie zarządza miejscowym syndykatem oliwnym i wkrótce stało się jasne, że miłością jego zawodowego życia jest oliwka. Nazwał ją drzewem bardzo inteligentnym, wielbłądem pośród drzew, zdolnym magazynować zapasy wody na długie okresy suszy, drzewem nieomal wiecznym. Dokoła Jerozolimy rośnie trochę oliwek, powiedział, których wiek szacuje się na dwa tysiące lat.

W Prowansji oliwka przeżyła ciężkie czasy, ucierpiała zarówno od człowieka, jak od przyrody: na skutek niezwykle silnych mrozów, choćby w brutalnym roku 1956, czy długotrwałej skłonności farmerów do zastępowania gajów oliwnych bardziej dochodowymi winnicami. (Od roku 1929 liczba drzew oliwnych w Prowansji zmalała z ośmiu do dwóch milionów). W dodatku oliwki na ogół się zaniedbuje. Ofiary tego zaniedbania widać na opustoszałych, zarośniętych stokach wzgórz, z pniami oplecionymi dzikim bluszczem, niemal całkowicie ukryte w jeżynach, zagłuszone na śmierć. Aż dziw, że utrzymują się przy życiu. Wystarczy wyciąć bluszcz i jeżyny, oczyścić ziemię wokół pnia, poprzycinać splątane gałęzie, aby po roku czy dwóch zebrać owoce. Inteligentny wielbłąd, jak się wydaje, jest właściwie niezniszczalny, zdolny przeżyć każdy drzewny koszmar. Rozumiałem, dlaczego Jean-Marie tak bardzo go podziwia.

A jednak, nawet gdyby w Prowansji każde zaniedbane drzewo miało odzyskać znakomite zdrowie, produkcja oliwy byłaby tu znikoma w porównaniu z Włochami czy Hiszpanią (jak później usłyszałem, nazywaną „Kuwejtem oliwy"). Prowansja nie może rywalizować, jeśli idzie o ilość. Przedmiotem współzawodnictwa musi być jakość, a jak w przypadku prawie wszystkich we Francji rzeczy szczególnie dobrych do jedzenia czy picia, oznacza to wysoko cenioną klasyfikację – A.O.C., czyli *appellation d'origine controlée.*

A.O.C. to jakby gwarancja producenta, z tą ważną różnicą, że producenci nie mogą sami jej sobie przyznawać. Wymaga oficjalnego usankcjonowania: należy przeprowadzać próby, badać warunki produkcji, odwalać mnóstwo papierkowej roboty i oczywiście organizować degustacje. Z przyjemnością myślę, że ludziom z A.O.C. ich zajęcie gwarantuje nie gorsze wyżywienie niż inspektorom Michelina ich praca. Reguły są surowe, niezależnie od tego, czy *appellation* nadaje się winu, serowi czy kurczętom. Produkty muszą pochodzić z określonego obszaru (*origine*) i mieć odpowiednio dobrą jakość, aby na to wyróżnienie zasłużyć. Taki system jest bodźcem do osiągania doskonałości, chroni przed naśladownictwami i dokładnie informuje klientów, czego mogą oczekiwać za swoje pieniądze. Dwie prowansalskie oliwy, z Nyons i Les Baux, już mają status A.O.C., a oliwy z Haute Provence dołączą do nich przed końcem 1999 roku.

– *Bon* – powiedział Jean-Marie. – Tyle faktów i liczb. Pewnie zechce pan zobaczyć trochę oliwy.

W Górnej Prowansji czynnych jest siedem tłoczarni, nam zaś pierwszy postój wypadał w Moulin des Pénitents pod Les Mées. Prostymi, pustymi drogami jechaliśmy na północ, w stronę Montagne de Lure, z jej zimową czapą śniegu. Dzień był pogodny i mroźny, więc nie zazdrościłem zbieraczom, od wczesnego rana przebywającym na wzgórzach. Do wyprodukowania jednego litra oliwy potrzeba pięciu kilogramów, czyli ponad dziesięciu funtów oliwek, a nie wymyślono jeszcze maszyny, która mogłaby je zrywać bez szkody dla drzewa. Trzeba je zbierać ręką. Zastanawiałem się, kiedy zaczynają marznąć palce. Jak powiedział Jean-Marie, do tej pracy niezbędne jest umiłowanie drzew.

Świeżo zerwana oliwka, po krótkim życiu w spokoju i ciszy, na pewno doznaje silnego wstrząsu. Może zerwano ją delikatnie, lecz od tej chwili warunki ulegają raptownemu pogorszeniu: zostaje wrzucona do worka, ciśnięta na furgonetkę i dostarczona na salę tortur, rozbrzmiewającą nieprzyjemnymi odgłosami maszyn. Najpierw się ją myje, potem miażdży, wyciska, wreszcie obraca w wirówce.

Dla ludzi natężenie hałasu w tłoczarni oznacza, że muszą się porozumiewać rykiem, na odległość nie większą niż sześć cali od ucha, co w pewnym stopniu utrudniało mą edukację. Jean-Marie zdołał jednak przekrzyczeć łoskot i pokazać mi cały proces od początku do końca, od worków z oliwkami, czekających na swoją kolej do mycia w jednym końcu hali, do zielonkawozłotego strumienia oliwy, tryskającego w drugim. W powietrzu rozchodził się cudowny zapach, intensywny, tłusty i pełen obietnic, ciepły zapach, który zawsze kojarzy mi się ze słońcem.

Patrzyliśmy, jak oliwki, bez gałązek i liści, poddawane są na następnym etapie, *broyage*, miażdżeniu na gęstą, ciemną papkę.

– Pewnie jest pan ciekaw, co się robi z pestkami – powiedział Jean-Marie.

Ach, pestki. Okazały się przydatniejsze i ważniejsze, niż można by sądzić. Swego czasu niektórzy awangardowi producenci oliwy, w nadziei na poprawę jej jakości, zaczęli usuwać pestki i tłoczyć ją z samego miąższu, co było dodatkowym utrudnieniem i zwiększało koszty. Stwierdzili jednak, że uzyskiwana w ten sposób oliwa jest nietrwała, bo bez zawartego w pestkach naturalnego środka konserwującego prędko jełczeje. Nie opłaca się ingerować w przyrodę, stwierdził Jean-Marie. Bóg wie najlepiej.

Z bębenkami wciąż rozedrganymi od łomotu maszyn przeszliśmy do frontowego kantoru, gdzie dwóch plantatorów opierało się o ladę. Jeden, czerstwy i wesoły, był już na emeryturze, ale wpadł zobaczyć, jak przebiegają zbiory.

– *Alors* – zwrócił się do drugiego – *ça coule*?

Sądząc po tym, co widziałem za ścianą, oliwa płynęła jak wiosenny potok, ale najwyraźniej nie wypadało przyznać, że to prawda. Drugi plantator zmarszczył się i machnął ręką, od niechcenia przyznając, że mogłoby być gorzej.

– Ech – odparł. – *Quelques gouttes.* Parę kropli.

Kobieta za kontuarem uśmiechała się, a kiedy ją spytałem, czy tegoroczne zbiory są dobre, kiwnęła głową i wskazała na wysoką szklaną flaszkę z próbką wczesnej oliwy, nie rozcieńczonej *aglandau*. Podniosłem butelkę do światła; oliwa w niej wydała mi się gęsta niemal jak ciało stałe.

– To oliwa monsieur Pinatela – wyjaśniła kobieta. – Trzymamy każdą partię osobno. Mogłabym panu powiedzieć, skąd każda pochodzi... nie z którego drzewa, lecz zapewne z którego pola. Podobnie jest z winem.

Musieliśmy już ruszać. Jean-Marie – chyba jedyny żywy Francuz, pracujący w porze lunchu – miał jakieś sprawy do załatwienia, więc umówiliśmy się, że drzewa pokaże mi wczesnym popołudniem. Poprosił, abym na niego czekał w kawiarni Bar Moderne w Dabisse.

Zazwyczaj wiejskie bary odzwierciedlają charakter okolicy, a gołe, surowe powierzchnie Bar Moderne miały w sobie coś ze srogości wzgórza, owiewanego prowansalskim wiatrem. Zimne podmuchy wdzierały się przez drzwi za każdym wchodzącym, po czym buchało gorące powietrze, kiedy wymieniano pozdrowienia i wdawano się w rozmowy. Ludzie, którzy przez całe życie pracują na dworze, gdzie słowa muszą pokonywać odległość i warkot traktorów, z czasem zaczynają jakby podnosić głosy. Porykują na siebie, a wybuchy ich śmiechu przypominają małe eksplozje.

Tego dnia przedstawiciele trzech różnych pokoleń prezentowali ciekawy zestaw nakryć głowy. Najstarszy na sali mężczyzna, pochylony w kącie nad pastisem, dłonią opiekuńczo obejmujący szklankę, miał coś, co mogłoby należeć do dowódcy rosyjskiego czołgu z czasów drugiej wojny światowej, płócienny twór w kolorze oliwkowobrązowym, z długimi klapami, jak psie uszy zwisającymi po obu stronach spierzchniętej twarzy, porośniętej białą szczeciną. Jego młodsi towarzysze byli albo w płaskich czapkach, albo w wełnianych beretach; jeden i w tym, i w tamtym, w czapce wciśniętej na beret. Tylko młody mężczyzna za barem, w czapce baseballowej, zrobił jakieś ustępstwo na rzecz mody.

Na ekranie telewizora, umieszczonego na wspornikach pod ścianą w końcu sali, mieszkańcy innej planety stroili miny i brykali w kolejnych muzycznych filmach wideo, nie budząc zainteresowania klienteli. Pies szukał pod stolikami kostek cukru. Wypiłem kieliszek chłodnego czerwonego wina i popatrzyłem przez okno na pociemniałe nagle niebo. Słońce zaszło. Z wiatrem przypłynął wał ciężkich chmur w kolorze cyny i zanosiło się na to, że na wzgórzach będzie dokuczać przejmujący ziąb.

Oddano mnie pod opiekę monsieur Pinatelowi, który stał u wejścia do starej kamiennej stodoły i wciągał nosem powietrze. Po twardym uścisku dłoni wsiedliśmy do jego furgonetki i ruszyliśmy wąską drogą gruntową wzdłuż dziwnie dekoracyjnego sadu. Rzędy jabłonek, cienkich i bezlistnych, połączonych ze sobą obwisłymi fałdami gęstej siatki, sprawiały z daleka takie wrażenie, jakby ktoś zaczął pakować cały sad, aby go dać komuś w prezencie, ale się znudził, zanim skończył obwiązywanie sznurkiem.

– To dla ochrony owoców przed gradem – wyjaśnił monsieur Pinatel. – Bez siatki nie chcą ubezpieczyć zbioru. – Chrząknął i pokręcił głową. – Bogu dzięki nie musimy ubezpieczać oliwek.

Zrozumiałem, co ma na myśli, kiedy pozostawiwszy za sobą sad, zanurzyliśmy się w oceanie drzew oliwnych. Porastały zbocze wzgórza tysiącami, podobne do prymitywnych, ulistnionych rzeźb na nagim, kamienistym tle. Większość z nich rosła tu od dwustu lat; drzewa, które można by nazwać weteranami, dwukrotnie dłużej. Obsypane były setkami tysięcy owoców, każdy zaś należało zerwać ręką.

Zatrzymaliśmy się przy końcu długiej alei, tam gdzie pracowali zbieracze – mężczyźni i kobiety z okolicznych wsi, zajęci tym, co wcześniej robili ich prapradziadowie. W tamtych czasach, kiedy podróżowało się na mułach albo pieszo, zbiór oliwek stawał się dla mieszkańców odległych wsi jednym z niewielu w ciągu roku praktycznych powodów do spotkań. Młodym mężczyznom trafiała się rzadka okazja poznania młodych kobiet i romantyczne więzi często zacieśniały się pod drzewami. Wór oliwek musiał mieć ten sam powab co bukiet czerwonych róż. Miłość kwitła, kojarzono małżeństwa. Pierwszemu chłopcu często dawano na imię Olivier.

Zwyczaje mogły się zmienić, podobnie jak narzędzia zbieraczy, lecz technika zrywania owoców pozostała w zasadzie ta sama co przed dwoma tysiącami lat. Na ziemi pod drzewem rozpościera się *bache*, olbrzymią plastikową płachtę, na którą spadają oliwki. Zrywa się je czymś, co – jak sobie można wyobrazić – służyło do czesania bardzo dużego, kudłatego zwierzęcia: grzebieniem o krótkiej rękojeści, szerokim na jakieś osiem cali, zaopatrzonym w rząd tępych zębów. Po wyczesaniu do czysta dolnych gałęzi, zbieracz sięga wyżej, wspinając się po trójkątnej drabinie, szerokiej u podstawy, wąskiej u szczytu. Kiedy na nią wejdzie, znika do pasa; spod liści sterczą tylko pary nóg dziwnych wyrostków, niemal w całości pokrytych drelichem. Szum wiatru nie zagłusza równomiernych, miękkich plaśnięć oliwek, spadających na *bache*, czasem zaś przekleństwa, gdy odgięta gałązka siecze zmarznięty policzek. Praca jest powolna, zbieracz marznie.

Pod koniec dnia, w drodze powrotnej do domu, kiedy ręce i nogi tajały mi w cieple samochodu, potrafiłem już zrozumieć, dlaczego tylu farmerów rezygnuje z oliwek na rzecz winogron. W winnicy inwestycje zwracają się prędzej; interes rozkręca się mniej więcej po trzech latach, a warunki pracy są lepsze. Prócz przycinania prawie całą ciężką robotę wykonuje się na słońcu, co dobrze wpływa na kości i na samopoczucie. A jeśli wino jest smaczne, przynosi winiarzom niezłe dochody. Z oliwkami rzecz ma się inaczej. Nieraz słyszałem zdanie: Nikt nie bogaci się na oliwkach.

Zdałem sobie sprawę, że moja miłość do nich ma podłoże raczej emocjonalne niż praktyczne. Pociągała mnie historia drzew, ich wielka odporność na klęski żywiołowe i niechęć do umierania. Nigdy nie napatrzę się do syta lśnieniu ich liści w słońcu i mięśniom ich potężnych pni, nabrzmiałym i powykręcanym z wysiłku, jakiego wymaga dźwiganie się z ziemi. Zawsze uważałem, że są to uczucia typowe dla amatora, którego pociąga malowniczość. Ze zdumieniem i wielką przyjemnością stwierdziłem, że podzielają je praktyczni mieszkańcy tych zimnych wzgórz. Trzeba kochać drzewa, aby wykonywać taką pracę.

Piątkowy ranek w Carpentras

Podróżnik często widuje na terenie Vaucluse poletka z kilkoma rzadkimi rzędami młodych dębów. Strzegą ich groźne czarno-żółte tablice z napisem: *Défense de pénétrer sous peine de sanctions correctionelles graves*, które zwracają też jego uwagę na artykuły 388 i 444 francuskiego kodeksu karnego. Nie mam pojęcia, jakie mogłyby być kary. Może wyprawa w kajdankach na Wyspę Diabelską albo olbrzymie grzywny i uwięzienie w uzdrowisku. Takie okropne perspektywy napawają strachem.

Ja poważnie traktuję te ostrzeżenia, widać jednak, że inni nie; z reguły kradną lub zamazują tablice, a myśliwi używają ich jako tarcz strzelniczych. W teorii można by ścigać sądownie tego, kto ignoruje zakaz i wchodzi w szkodę. Poletko jest – albo będzie, z przyzwoleniem Boga, pogody oraz nieobliczalnej gleby i zarodników – cenne dzięki bogactwu, ukrytemu zaledwie parę centymetrów pod powierzchnią ziemi. To poletko truflowe.

Niedawno udało nam się spędzić trochę czasu w domu na skraju czegoś, co zapoczątkowało wszystkie pólka truflowe i było posiadłością o powierzchni ponad stu akrów. Nigdy nie widziałem aż tak imponującego przykładu determinacji, z jaką człowiek wziął się do uprawy wściekle kosztownych i notorycznie kapryśnych czarnych trufli – „boskich workowców", które smakoszy przyprawiają o dreszcz rozkosznego oczekiwania, nawet kiedy sięgają do portfeli.

Zaprzyjaźniwszy się z nami, właściciele majątku, Mathilde i Bernard, opowiedzieli nam jego historię. Wiele lat temu było to zwykłe pastwisko, lecz ojciec Bernarda dostrzegł tkwiące w nim możliwości i dlatego je kupił. Wybiegał myślą w przyszłość i był gotów cierpliwie czekać na swoje trufle. Musiał się też odznaczać optymizmem, ponieważ czarne trufle są humorzaste i zwykle rosną tam, gdzie chcą, a nie tam, gdzie powinny. Można tylko pomóc w stworzeniu im odpowiednich warunków, trzymać palce za sukces i czekać pięć, dziesięć, piętnaście lat.

Tak też zrobiono. Na suchej pochyłości posadzono dwadzieścia pięć tysięcy dębów truflowych i założono kilka kilometrów rur irygacyjnych. Wspaniała inwestycja, przyznawano powszechnie, choć wówczas system nawadniający ogromnie bawił miejscową ludność. Kto kiedy słyszał o podlewaniu dębów truflowych, jakby to były pelargonie? On rzuca pieniądze w błoto. Pożałuje.

Ojciec Bernarda jednak dokładnie zapoznał się z zasadami pielęgnacji i zasilania dębów truflowych i wiedział, że w okresie letnich upałów drzewa potrzebują wody. Chciał możliwie najbardziej uniezależnić się od przypadku i przyrody, system nawadniający zaś traktował jak ubezpieczenie na wypadek suszy. W lata wyjątkowej suszy, kiedy sierpniowe burze się opóźniały, jego drzewa stale miały wodę. A zimą po takich suszach inni grzebali w ziemi, niczego nie znajdując, on natomiast miał trufle. Miejscowi przestali się śmiać. Niektórzy zaczęli dawać dwuznaczne dowody uznania i wchodzić w szkodę.

Bardzo trudno jest ustrzec rozległą, leżącą na uboczu połać lasu przed ludźmi, którzy ukradkiem próbują tam wtargnąć. Tu problemy były tym większe, że złodzieje trufli zazwyczaj działają w nocy. Ich psy, przyuczone do węszenia, nie muszą widzieć; kierują się nosem. Tradycyjna wymówka człowieka, zatrzymanego na zbieraniu w ciemnościach – „Właśnie wyprowadziłem psa na spacer" – nikogo nie przekonuje. Druga nad ranem to dziwna pora zażywania przechadzki. Ale przecież po ciemku złodzieja łapie się niesłychanie rzadko. Czasem się go słyszy, niekiedy dostrzeże w przelocie, prawie nigdy nie przydybie na kradzieży. Co można zrobić?

Wypróbowano wszelkie środki odstraszające. Na nic się zdały ostrzeżenia, że za wejście do lasu grozi sąd i grzywna; kolejni nocni stróże stwierdzali, że nie sposób kontrolować tak rozległego terenu. Gęsi, zwerbowane w charakterze ruchomego systemu alarmowego, okazały się nieskutecznymi brudasami. (Zresztą niektóre nie pożyły długo, jako łatwe do zabicia i smaczne do jedzenia). Po eksperymencie z nimi postawiono prawie dwumetrowe druciane ogrodzenia. Złodzieje natychmiast kupili szczypce do cięcia drutu.

Wreszcie w majątku zamieszkały i podjęły pracę cztery czujne psy – wielkie bestie, duże jak owczarki alzackie i bardzo szybkie. Za dnia trzyma się je w budach, a nocą spuszcza z łańcucha. Zostały nauczone nie atakować człowieka, tylko skupiać uwagę na jego psie, co daje dobre rezultaty. Kiedy pies złodzieja ma do wyboru ucieczkę albo śmierć, nagle przypomina sobie, że musi gdzieś indziej załatwić pilną sprawę, i czmycha. Bez psa, który umie wykrywać trufle, jego właściciel nie ma szans. Może kopać całą noc i znaleźć najwyżej parę brył ziemi. Nie pozostaje mu nic innego, jak wrócić do domu.

Dobry pies-truflarz jest jak gotówka w banku, o czym przekonaliśmy się pewnego popołudnia w początkach sezonu. Ta szara, szorstkowłosa, nierasowa suka była niska, jak wiele najlepszych psów-poszukiwaczy, i całkowicie pochłonięta swą pracą. Podążaliśmy za nią, kiedy wolno szła przez las, ze spuszczonym łbem, zadzierając nos i machając ogonem. Od czasu do czasu przystawała i z dziwną delikatnością drapała ziemię, a nie myliła się nigdy. Truflę, znajdującą się tuż pod powierzchnią, wykopywało się motyczką w kształcie litery U, suka zaś nosem wskazywała na kieszeń swego pana w oczekiwaniu nagrody, maleńkiego kawałka *gruyère*.

Sezon truflowy trwa mniej więcej od pierwszego do ostatniego mrozu i przez prawie cały ten okres w kuchni wiejskiego domu Mathilde i Bernarda unosi się miła woń. Zapach trufli, ostry i mocny, wita na progu gościa, który przy odrobinie szczęścia może zostać poczęstowany jedną z tutejszych specjalności. Jest to rolls-royce wśród maseł: masło, przekładane cienkimi plasterkami świeżych trufli, rozsmarowane na grzance i posypane *gros sel,* gruboziarnistą, szarą solą morską. Do tego wypija jeden czy dwa kieliszki czerwonego wina, a jeśli po tym nie nabierze apetytu na lunch, nie nabierze go po niczym innym.

W sezonie pod koniec każdego tygodnia stoi w kącie kuchni parę dużych słomianych koszy, przykrytych wilgotnym lnianym płótnem. Zawierają trufle, zbierane przez cały tydzień, gotowe do wywiezienia na poranny piątkowy targ w Carpentras. Tym razem Bernard powierzył mi ważną pracę oficjalnego nosiciela trufli, polegającą na dźwiganiu koszy.

Wyruszyliśmy o siódmej i jechaliśmy prawie na ślepo w kłębach niskich chmur, które w zimie często spowijają wzgórza. Kiedy skręciliśmy na drogę do Carpentras, słońce przedarło się przez chmury, pozostawiwszy ich pasemka, zaledwie blade smugi, na błękitnym jak w lipcu niebie. Zanosiło się na jeden z tych roziskrzonych, pogodnych dni zimowych, kiedy krajobraz wygląda jak wypolerowany.

W samochodzie unosił się zapach czegoś pysznego, ale wilgotnawego. Bernard, zapytany, dlaczego trufle muszą być wilgotne, wyjaśnił mi, czym grozi parowanie. Wykopane i wyjęte z ziemi trufle od pierwszej chwili zaczynają wysychać, tracić wilgoć; co gorsza, tracić na wadze, nieraz aż do dziesięciu procent. A ponieważ sprzedaje się je na wagę, te dziesięć procent zysku, jak powiedział Bernard, wyparowuje.

Przyjechaliśmy do Carpentras o wpół do dziewiątej, podobnie jak chyba wszyscy entuzjaści trufli w Vaucluse. W liczbie co najmniej stu zgromadzili się po jednej stronie pustego poza tym placu Aristide'a Bruant. Targ odbywa się co piątek rano, od listopada do końca marca, a jego kwatera główna mieści się, jak można by oczekiwać, w barze. Ci, którzy zjawili się wcześnie, już pokrzepieni kawą i łykiem czegoś mocniejszego dla ochrony przed porannym chłodem, zaczynali wychodzić z baru i krążyć wokół rozstawionych na zewnątrz stołów na kozłach. Bernard postąpił tak samo. Podążałem za nim z koszami, siląc się na nonszalancję, jakbym przywykł do noszenia tysięcy franków pod wilgotnym płótnem.

Targ w Carpentras ma między innymi tę przyjemną cechę, że nie ogranicza się do zawodowców. Każdy, choćby z jedną truflą na sprzedaż, może spróbować szczęścia z *courtiers* – pośrednikami, kupującymi dla swoich klientów w Paryżu albo Périgordzie – i widziałem, jak stary mężczyzna boczkiem podsuwa się do stołu, za którym *courtier* przygotowuje się do pracy.

Stary rozejrzał się dokoła, po czym wyjął z kieszeni coś zawiniętego w gazetę, co po rozpakowaniu okazało się sporą truflą. Podał ją pośrednikowi na złożonych dłoniach, może po to, aby ją ukryć przed wzrokiem wścibskich konkurentów, może dla spotęgowania aromatu, tego nie byłem pewny.

– *Allez, sentez* – powiedział. – Znalazłem ją na końcu ogrodu.

Courtier pochylił się nad truflą, przez chwilę wdychał jej zapach, następnie zaś spojrzał na starego z wyrazem niedowierzania na twarzy.

– Pewnie – powiedział. – Wyprowadzając psa na spacer.

W tym momencie pertraktacje przerwało pojawienie się żandarma, który przemaszerował przez tłum, zanim znalazł wolne miejsce przed stołami. Uroczystym gestem uniósł lewą rękę i spojrzał na zegarek. Upewniwszy się, że nadeszła pora oficjalnego otwarcia, włożył do ust gwizdek i dwa razy krótko gwizdnął.

– *Le marché est ouvert* – obwieścił. Punkt dziewiąta.

Dość łatwo było odróżnić sprzedających większe ilości, *trufficulteurs*, z ich pękatymi torbami albo nakrytymi płótnem koszami, i *courtiers* za stołami. Ale nikt nie potrafiłby powiedzieć, czy inni anonimowi nabywcy nie kręcą się tu tego ranka. Carpentras to znany targ i zawsze istnieje możliwość, że ktoś przyjechał robić zakupy dla trzygwiazdkowych restauracji. W rezultacie nie tylko dobre wychowanie, lecz także myśl o zrobieniu dobrego interesu nakazuje pozwolić na wąchanie każdemu, kto jest zainteresowany zawartością kosza.

Na skinienie Bernarda odchyliłem płótno i podniosłem jeden z naszych koszy do nosa elegancko ubranego dżentelmena o paryskim akcencie. Jego głowa nieomal znikła w koszu, a ramiona podnosiły się i opadały w rytm głębokich wdechów. Wyprostował się z uśmiechem, kiwnął głową i wybrał truflę, którą póty ostrożnie drapał paznokciem kciuka, aż ukazał się kolor i prześwitujące spod powierzchni cieniutkie białe żyłki. Z reguły trufla im jest ciemniejsza, tym bardziej pachnąca, więc bardziej pożądana i droższa, jako że cena zależy od aromatu. Innymi słowy, człowiek płaci za to, co czuje nos.

Dżentelmen znów kiwnął głową i odłożył truflę. Wydawało się, że zrobiła na nim wielkie wrażenie, więc czekałem na wyciągnięcie gotówki.

– *Merci, messieurs.* – Z tymi słowy odszedł i na zawsze zniknął nam z oczu. Widocznie był tylko truflowym fanem, wąchaczem i drapaczem raczej niż nabywcą. Wygląda na to, że na każdym targu jest taki.

Bernardowi nie zależało na nim, bo od lat dostarczał trufle stałym klientom, z którymi mieliśmy się zobaczyć, kiedy kupujący i sprzedający przestaną wreszcie krążyć dokoła siebie i ustalą cenę na ten dzień. Chwilowo, wolny od obowiązków, mogłem się włóczyć, patrzeć i przysłuchiwać.

W interesie truflowym utrzymuje się tendencja do skrytości. Nikt nie zdradza źródeł zaopatrzenia. Na popyt wpływa głównie fakt, że płaci się gotówką, bez pokwitowania. Nie ma zabezpieczeń i gwarancji. Nieprawidłowości – czasami niedelikatnie określane mianem kantów – bynajmniej nie są rzadkie. A tego roku, jakby na potwierdzenie najczarniejszych przewidywań monsieur Farigoule'a, ci nikczemni Chińczycy wywołują na rynku francuskim zamieszanie. Ich tajną broń stanowi *Tuber himalayensis,* wschodni grzyb, który wygląda, a nawet pachnie jak prawdziwy prowansalski *Tuber melanosporum*. Są jednak dwie istotne różnice: chińskiego oszusta sprzedaje się za ułamek ceny prawdziwej trufli, a w smaku, jak mówią, przypomina gumowe obrzynki.

W teorii nie powinno to sprawiać kłopotu. Gdyby dwie odmiany leżały obok siebie, nikt by ich nie pomylił. Ale po targu krążą pogłoski, że niektórzy wyzuci ze skrupułów sprzedawcy mieszali gatunki – wkładają parę prawdziwych trufli do partii oszukańczych chińskich – i żądają najwyższej ceny. Gdyby kiedyś powszechnie uznano konieczność przywrócenia gilotyny, to na pewno z tego powodu.

Początkowo, jak wynikało z moich obserwacji, mniej więcej przez pół godziny, transakcje zawierano powoli. *Courtiers* i dostawcy prowadzili jednak szeptem liczne rozmowy, co miało na celu ustalenie ceny za kilogram. Ponieważ nie ma ceny urzędowej, wszystko da się wynegocjować. A także, jeśli sprzedawcy nie odpowiada cena w Carpentras, zawsze może ubić lepszy interes na sobotnim targu w Richerenches, położonym dalej na północ. Pośpiech zatem się nie opłaca. Dopiero po zawarciu pierwszych dużych transakcji cena zaczęła się tego dnia utrzymywać na poziomie około dwóch tysięcy siedmiuset franków za kilogram.

Stało się to sygnałem do wyciągnięcia telefonów komórkowych, przypuszczalnie po to, aby wiadomość szybko przekazać do każdego zakątka świata truflowego, bo prawie na pewno ta cena wkrótce się zmieni. Im dalej na północ, tym jest wyższa, a zanim trufle dotrą do Paryża, może się podwoić.

Handel robił się coraz bardziej ożywiony. Stałem przy jednym z *courtiers* i coś notowałem, gdy wtem zdałem sobie sprawę z czyjejś obecności tuż za moimi plecami. Odwróciwszy się, o mało nie rąbnąłem w nos mężczyzny, który zaglądał mi przez ramię, ciekawy, co piszę. Na pewno myślał, że mam jakieś cenne poufne informacje. Jakże byłby rozczarowany, gdyby zdołał odczytać moje angielskie gryzmoły, bo okazałyby się zaledwie paroma uwagami na temat stroju dobrze ubranych dealerów.

Mieli zakurzone buty na grubych podeszwach, obszerne kurtki z zapinanymi na suwaki wewnętrznymi kieszeniami, w których spoczywały brązowe koperty z gotówką, berety – jeden z pomysłowym dodatkiem nauszników – zmodyfikowane czapki żeglarskie, ze dwa czarne filcowe kapelusze z szerokim rondem i długie szaliki, zakrywające twarz po oczy, jakby ich właściciele zamierzali obrabować bank. Szaliki robiły groźne wrażenie, dopóki z konieczności nie pociągnięto ich w dół, aby pozwolić nosom na rytualne wąchanie.

Większość kobiet i mężczyzn była w średnim wieku i prezentowała się wsiowo, z jednym rzucającym się w oczy wyjątkiem, który stanowili dwaj odziani w skórę młodzi mężczyźni o groźnych minach, krótko przystrzyżonych włosach i ze złotymi kolczykami w uszach. Goryle, pomyślałem natychmiast i poszukałem wzrokiem wypukłości pod ich kurtkami. Pewnie są uzbrojeni i niebezpieczni, a najwyraźniej mają tu chronić pliki pięćsetfrankowych banknotów, podawane z ręki do ręki. Po krótkiej obserwacji zorientowałem się jednak, że dotrzymują towarzystwa niemłodej matce, targującej się o kilka małych trufli, które ma w zabłoconej plastikowej torbie.

Bernard uznał, że jest już gotów do sprzedaży, więc znaleźliśmy jednego z jego stałych odbiorców przy stoliku, w miejscu, gdzie tłum się przerzedzał. Podobnie jak inni *courtier*s, on też sprzęt miał mieszany, częściowo stary, częściowo nowoczesny: przenośny bezmian z rodzaju tych, jakich używano od dobrych stu lat, i kieszonkowy kalkulator elektroniczny. Po zbadaniu koloru i zapachu trufle przekładano z koszy do bawełnianej siatkowej torby. Wieszano ją na haczyku wagi, a mosiężny odważnik przesuwano, dopóki ramię z podziałką nie znalazło się w pozycji poziomej. Bernard i *courtier* przypatrywali się bacznie, spoglądali na siebie, kiwali głowami. Zgodzili się co do wagi. Następnie *courtier* porozumiał się ze swym kalkulatorem, stukając w klawisze. Pokazał wynik obliczeń Bernardowi, ale dłonią zasłonił kalkulator jak nieprzyzwoite zdjęcie. Znów kiwanie głowami. Ustalanie ceny. Wypisywanie czeku (Bernard jest wzorem praworządności w nieczystych interesach i nie przyjmuje gotówki), wreszcie koniec porannej pracy.

– Teraz do kabaretu – powiedział Bernard, kiedy przepychaliśmy się w ciżbie do baru. Panował tam spory hałas mimo techniki tajnego porozumiewania się, jaką na moich oczach stosowało wielu sprzedających i kupujących trufle. Chyba nie potrafili się odezwać, nie zasłaniając za każdym razem ust ręką, pewnie ze strachu, że ktoś taki jak ja ich podsłucha. Dlatego bezcenne informacje, dotyczące stanu ich wątroby czy prognozy pogody, nie docierają do nadstawionych uszu; a przynajmniej nie powinny docierać, gdyby nie ryczeli za tą zasłoną z dłoni.

Wsiowy akcent, na pół połykane zdania i stale obecna bariera z ręki utrudniały nadążanie za rozmową, toteż zdołałem zrozumieć tylko dwie. Jedną o tyle łatwiej, że sam wziąłem w niej udział. Przedstawiono mnie właśnie jednemu z handlarzy, *gaillardowi*, niezgrabnemu dryblasowi, o brzuszysku i głosie odpowiednich do wzrostu. Zapytał, co sądzę o targu, a ja odparłem, że jestem pod wrażeniem ilości pieniędzy, jakimi się tu obraca. Przytaknął mi, potoczył wzrokiem po barze i przysunął się bliżej, zasłoniwszy usta dłonią, aby nikt inny nie dosłyszał donośnego szeptu.

– Jestem bogaty, wie pan. Mam pięć domów.

Nie zdążyłem odpowiedzieć, bo natychmiast przesunął się na drugi koniec baru i objął drobnego człowieczka. Zarzucił mu potężne ramię na plecy, po czym nachylił się, z ręką przy ustach, gotowy podzielić się dalszymi wysoce poufnymi informacjami. Moim zdaniem, taki nawyk wyrobił sobie po latach prowadzenia interesów, w których fetyszyzuje się dyskrecję. Byłem ciekaw, czy przenosi go na grunt domowy, czy kiedykolwiek rozmawia z żoną normalnie, czy też zawsze ogranicza się do szeptów, mrugnięć i kuksańców. Wyobraziłem ich sobie przy śniadaniu. „Pssst. Chcesz jeszcze kawy?" „Nie tak głośno. Mogą usłyszeć sąsiedzi".

Drugą poranną rewelacją była opowieść o rzeczywiście niezwykłym narzędziu zbieracza trufli; czymś, co chyba mogło się zrodzić tylko w umyśle Francuza. Za pomocą wymownych gestów, rozlewając przy okazji trochę wina, pewien dealer opisał mi ten przyrząd, który rzekomo widział w akcji.

Zrobiono go dla starego – bardzo starego – człowieka urodzonego i wychowanego pod Carpentras. Ten mężczyzna, odkąd dorósł, przez całe życie pasjonował się truflami. Niecierpliwie oczekiwał nadejścia pierwszych mrozów, zimy zaś spędzał ze swoim psem u podnóża Mont Ventoux. Co piątek przychodził na targ z tygodniowym zbiorem, upchanym do płóciennego worka. Po sprzedaniu trufli na krótko przyłączał się do innych mężczyzn w barze, wypijał jednego szybkiego drinka, zawsze *suze*, i znów wychodził na poszukiwania. Dla niego dzień bez pogoni za truflami był dniem straconym.

Czas płynął, ciało staruszka zaś w końcu zaczęło płacić za wieloletnie pochylanie się i przykucanie w surowych warunkach, za wystawianie się na podmuchy syberyjskich wiatrów, od których nerki bolą z zimna. Wysiadł mu kręgosłup. Musiał się trzymać absolutnie prosto. Każde odchylenie od pionu było męczarnią, nawet chodzenie wymagało bolesnego wysiłku. Skończyło się zbieranie trufli.

Namiętność jednak nie wygasła, lecz na szczęście dla staruszka przyjaciel przywoził go co piątek na targ. Choć z pewnością lepsze to niż nic, cotygodniowe wyprawy stały się dla niego źródłem frustracji. Mógł patrzeć na trufle. Mógł je drapać. Mógł wąchać, ale – ponieważ nie mógł się schylać – tylko te, które mu podano do ręki lub podetknięto pod nos. Coraz bardziej tęsknił za tym podniecającym zanurzeniem głowy w pełnym koszu, pogrążeniem się w aromacie, a to dawało mu największą radość w jego długim życiu. W barze koledzy staruszka roztrząsali tę kwestię.

Podobno to weteran drugiej wojny światowej wpadł na pomysł czegoś bardzo luźno związanego ze starą wojskową maską gazową. Zaprojektował *museau télescopique*, rozciągliwy ryjek. Z jednej strony była skrócona maska – zakrywająca nos i usta – szeroką gumką umocowana na głowie. Maska łączyła się z płócienną rurą, pofałdowaną jak miech ręcznej harmonii i zakończoną sztucznym nosem w postaci aluminiowego lejka. Dzięki temu pomysłowemu przedłużeniu nosa, stary mógł chodzić od jednego kosza do drugiego, wdychać, ile dusza zapragnie, a jednocześnie mieć plecy wyprostowane i nie narażać się na ból. Triumf praktycznej medycyny nad okrutną przeciwnością losu. Jakżebym chciał zobaczyć to na własne oczy.

Przed jedenastą targ się skończył. Wiele zakupionych trufli już pędziło pociągami w obawie przed dalszym parowaniem, jechało z Prowansji do Paryża; albo, w wyjątkowych przypadkach, do Dordogne, gdzie będą udawać rodzime, zebrane w Périgordzie. Trufle z tego regionu uchodzą za najlepsze – jak melony z Cavaillon czy masło z Normandii – i dlatego osiągają wyższe ceny. Statystyki kawiarniane, dla mnie wiarygodniejsze od większości innych, wykazują jednak, że aż do pięćdziesięciu procent trufli, sprzedawanych w Périgordzie, pochodzi z Vaucluse, gdzie są tańsze. Naturalnie, tak jak tyle rzeczy w handlu truflami, jest to nieoficjalne. Odpowiedzią na każdą prośbę o potwierdzenie tego faktu będzie niewinne wzruszenie ramionami, znak, że rozmówca nic nie wie.

Znam tylko jedno stosowne zakończenie poranka, spędzonego na targu truflowym, a mianowicie truflowy lunch. Obsługa z pewnością będzie dobra w specjalistycznej restauracji, jak Chez Bruno w Lorgues (zwanej „świątynią trufli"), ale do Lorgues jest z Carpentras daleko. Bliżej mamy do Apt. Tu, na placu de la Bouquerie, znajduje się wesoła, popularna restauracja, Bistrot de France. Plakaty na ścianach, papierowe serwetki na stolikach, tuż przy wejściu wygodny barek dla usychających z pragnienia, woń smakołyków w powietrzu – każdemu, kto parę godzin sterczał na chłodzie, robi się tu przyjemnie i ciepło. Tym przyjemniej, że w sezonie zawsze można dostać jedno szczególnie dobre danie truflowe.

Przyjechaliśmy tuż przed wpół do pierwszej i w restauracji zastaliśmy tłum zimowych gości, mieszkańców miasta i pobliskich wiosek, mówiących językiem zimowym: francuskim. (W lecie usłyszy się raczej holenderski, niemiecki i angielski). Zwróceni twarzami do wejścia, dwaj dżentelmeni siedzieli obok siebie, ale każdy z nich jadł sam przy swoim jednoosobowym stoliku. Takie cywilizowane rozwiązanie bardzo rzadko widuję poza granicami Francji, choć nie wiem czemu. Może u innych narodowości silniej dochodzi do głosu pierwotny instynkt społeczny, który nakazuje jeść małymi stadkami. Albo też, jak uważa Régis, Francuz żywiej interesuje się dobrą kuchnią niż kiepską rozmową, więc korzysta z każdej okazji, aby samotnie rozkoszować się posiłkiem.

Wysoki, chudy kelner, o głosie niczym rozgrzany żwir, zaprowadził nas do stolika. Usiedliśmy ściśnięci, obok pary, rozkoszującej się śliskością surowych ostryg z lodu. Rzut oka na krótką, ręcznie wypisaną kartę upewnił nas, że zapas trufli jeszcze się nie wyczerpał; musieliśmy tylko wybrać pierwsze danie, a w trakcie poprzednich wizyt przekonaliśmy się o potrzebie ostrożności. Szef kuchni jest zwolennikiem *cuisine copieuse* – obfitych, niekiedy zbyt obfitych porcji wszystkiego, co gotuje – toteż może zabraknąć sił na główny punkt programu.

Dość bezpieczne wydawały się karczochy. Podano ich kilka, *à la barigoule*, z pietruszką, selerem, marchewką i szynką, w rozgrzewającym, wonnym bulionie, który był balsamem dla serca. Nasi sąsiedzi jedli już główne danie, gulasz wołowy, krojąc mięso widelcami, a kawałkami chleba, jak jadalnymi sztućcami, naprowadzając każdy kęs na widelec. Taki sposób jedzenia na pewno nie świadczy o dobrych manierach, ale jest bardzo praktyczny w przypadku *daube*, bo pozwala nie rezygnować z sosu.

Jedną z mniej oczywistych cech dobrze prowadzonej, profesjonalnej restauracji jest rozłożenie lunchu w czasie, jego rytm. Jeśli kelnerzy są zbyt powolni, gość zjada za dużo chleba i wypija za dużo wina. To źle, lecz w przeciwnym wypadku bywa gorzej. Jeśli obsługa jest za szybka, jeśli krąży, krząta się i usiłuje wyrwać mu talerz, zanim wytrze sos chlebem, jeżeli czuje na karku oddech kelnera, a na oparciu krzesła wybijanie rytmu palcami, kiedy wybiera ser, przyjemność zostaje zepsuta. Ledwie podniebienie zdąży przywyknąć do jakiegoś smaku, już musi się przystosować do innego. Gość czuje się popędzany i niechciany. Lunch zamienia się w wyścig.

Przerwy są istotne; potrzeba paru minut między daniami, aby odzyskać apetyt i pogrążyć się w nastroju wyczekiwania, mieć okazję do cieszenia się chwilą, rozglądania dokoła i podsłuchiwania. Szalenie lubię chwytać strzępy czyichś rozmów i niekiedy zostaję za to nagrodzony niezwykłymi urywkowymi wiadomościami. W tym dniu najciekawszą informację usłyszałem z ust dużej, lecz zgrabnej kobiety, która siedziała obok i jak się okazało, była właścicielką miejscowego sklepu bieliźniarskiego.

– *Beh oui* – zwróciła się do swojej towarzyszki, dla większego nacisku machnąwszy łyżką – *il faut du temps pour la corsetterie.* – Tego nie można kwestionować. Zanotowałem sobie w pamięci, że następnym razem, kiedy będę kupował gorset, mam się nie śpieszyć, po czym odchyliłem się do tyłu, aby kelner mógł postawić pośrodku stolika danie główne.

Była nim *brouillade de truffes* – klasyczna kombinacja lekko zmieszanej jajecznicy z plasterkami czarnych trufli, podana w głębokim miedzianym rondlu. Miała wystarczyć dla nas dwóch, ale z łatwością obdzieliłyby się nią trzy osoby, bo przypuszczalnie zakładano, że coś mogłoby wyparować po drodze z kuchni. Z widelcem w jednej, a chlebem w drugiej ręce, po oddaniu wdzięcznego pokłonu świętemu Antoniemu, patronowi trufli, zabraliśmy się do jedzenia.

Smak trufli jest kontynuacją jej złożonego, intensywnego zapachu, czymś pośrednim między grzybem a mięsem. Bardziej niż smak jakiejkolwiek innej ze znanych mi rzeczy jadalnych kojarzy się z przebywaniem na świeżym powietrzu, a w ustach wyczuwa się dobrze wyważony kontrast między jej chrupkością a łagodną gładkością jajek. Trufle można znaleźć w dziesiątkach wymyślniejszych przepisów, od milionerskiego ravioli po niedzielne kurczę, ale moim zdaniem, nie ma to jak prostota. Jajka, w formie jajecznicy czy omletu, są dla trufli idealnym tłem.

We dwóch daliśmy radę trzeciej porcji i odpoczywaliśmy. Miejscowa znawczyni gorsetów mówiła, jaki korzystny wpływ wywierają na prawidłową postawę. Między jednym a drugim kęsem jabłka z kruszonką i śmietaną kładła szczególny nacisk na to, że można jeść, co się chce, dopóki siedzi się prosto i ma na sobie mocną, podtrzymującą bieliznę. Byłem ciekaw, czy są tego świadome redaktorki „Vogue".

W restauracji zwolniono tempo. Zaspokojono apetyty, choć ambitniejsi klienci wciąż dawali znaki życia, wybierając desery. Uważałem, że powinienem spróbować sera, odrobinę, mały kawałek, do ostatniego kieliszka wina. Ale skromne porcje nie figurowały w karcie. Podano cały banon, krążek owinięty suchymi liśćmi kasztanowymi i przewiązany rafią, ser twardy z zewnątrz, mięknący stopniowo aż do niemal płynnego środka, słony, śmietankowy i ostry. On też zniknął.

Cudowny, prosty lunch. Właściwie nic takiego, tylko znakomite składniki i kucharz, który ma dość pewności siebie i rozsądku, aby nie zabijać ich smaku niepotrzebnymi sosami i dodatkami. Zostawia je w spokoju, serwuje w dużych ilościach, uwzględnia pory roku. Kiedy są świeże trufle, podaje trufle; kiedy najlepsze truskawki, podaje truskawki. Chyba może to uchodzić za dość staroświecki sposób prowadzenia restauracji. Przecież dziś wszystko, począwszy od szparagów, na dziczyźnie skończywszy, dostarcza się na stół samolotem, więc jest do dostania przez okrągły rok. Diabli wiedzą, skąd się bierze – z cieplarni, fabryk żywności, z innych półkul – ale jest, czego dusza zapragnie, i ma jakąś cenę. Albo kilka cen.

Oczywiście kosztuje drożej. Nie będzie takie świeże jak żywność miejscowa, mimo cudownego przewozu w chłodniach i procesu, który przy mnie nazwano opóźnianiem dojrzałości. A co najgorsze, nie kieruje się kalendarzem, więc człowiek nie wyczekuje, nie cieszy się z pierwszych przepysznych nowalijek. To wielka szkoda.

Nadchodzi wiosna. Niebawem *courtiers* z Carpentras odłożą swoje wagi i kalkulatory, żandarm będzie mógł pozwolić gwizdkowi na odpoczynek, targ zostanie zamknięty. Nielegalni zbieracze wraz ze swymi psami niewątpliwie będą popełniać jakieś inne łotrostwa. Szef kuchni w Bistrot de France zmieni swoje menu i świeże trufle nie pojawią się w nim aż do końca roku. Ale czekam z przyjemnością. Nawet na trufle czekam z przyjemnością.

Talenty ogrodnicze i zielone pomidory

Co najmniej ze dwadzieścia lat temu na równinach i w dolinach Luberon zaczęła się rozkrzewiać, niczym delikatne, drogie pnącze, ogrodowa elegancja.

Przywędrowała w ślad za uchodźcami, którzy co roku uciekali przed wilgotnym klimatem północy. Bez wątpienia kochali swoje drugie, prowansalskie domy. Kochali światło i suchy upał. A mimo to, kiedy stała, pewna, słoneczna pogoda straciła urok nowości, stwierdzili, że czegoś im tu brakuje. Krajobraz – z przewagą szarości i zieleni zwietrzałych piaskowcowych skał i zasuszonych karłowatych dębów – wywierał silne wrażenie i często bywał malowniczy. Lecz także – no cóż, troszkę nagi.

Rosły oczywiście lawenda, żarnowiec i rozmaryn, szczepy winne i drzewa czereśniowe, może nawet jeden czy dwa zakurzone, od dawna niedomagające migdałowce. Tyle że nie potrafiły ukoić tęsknoty za soczystością. Uchodźcy zaczęli wzdychać za jaskrawymi kolorami i roślinami ozdobnymi. Brakowało im cienistych altanek i rabat kwiatowych. Chcieli mieć to, co mogliby nazwać prawdziwym ogrodem – orgię róż, wielkie nawisy glicynii, aby złagodzić masy kamienia, a także drzewa zdecydowanie wyższe od tutejszych. Tak więc, ze śmiałym lekceważeniem miejscowych warunków, przystąpili do planowania dekoracyjnych oaz pośród kamienistych pól i pociętych tarasami zboczy.

Największych trudności przysparzał klimat, gleba i brak wody, jak również natura ludzka, wrodzona niechęć człowieka do czekania na rezultaty. Tworzone od podstaw ogrody mogą osiągać pożądany, fotogeniczny stan bujnej dojrzałości dopiero po upływie dziesięciu do dwudziestu pięciu lat. Platany, dęby i oliwki potrzebują na to znacznie dłuższego czasu. Klasyczny przepis na trawnik – posiej, potem przez dwieście lat koś i walcuj – wystawia cierpliwość miłośnika ogrodu na jeszcze cięższą próbę. Przyroda, z jej oczywistym, żałosnym brakiem wigoru i przyśpieszenia, zapewne nie mogła być pozostawiona sama sobie. Kto chciałby jedno lato po drugim spędzać wśród gałązek?

Zrazu niecierpliwość cudzoziemców wprawiała miejscowych w osłupienie. Skąd ten pośpiech, po co takie tempo? W społeczności rolniczej, nawykłej do powoli zmieniających się pór roku i rocznych przyrostów mierzonych w milimetrach, pomysł przyśpieszania rytmu przyrody był czymś nowym. Wkrótce jednak trafił na podatny grunt, a dążenie uchodźców do szybkiego osiągania rezultatu z czasem wywarło pożądany skutek. W rzeczywistości zapoczątkowało rozwój przemysłu: sprowadzanie i zakładanie błyskawicznych ogrodów, ze zdumiewającą prędkością, zdumiewającą wprawą i, trzeba przyznać, za zdumiewającą cenę.

Proces najczęściej rozpoczyna się pod powierzchnią ziemi. Zanim cokolwiek można posadzić, powstaje pytanie, w czym to należy posadzić, i natychmiast wychodzi na jaw różnica między glebą żyzną a starą, jałową. Pierwsze próbne kopania w przyszłym ogrodzie nie napawają otuchą. Cienka, spieczona warstewka ziemi jest w dużej mierze kamienista, pełno w niej pozostałości po poprzednim właścicielu: skorup, zardzewiałych puszek po oleju, powykręcanych kół rowerowych, butelek po pastisie, trafia się nawet stary, gnijący but. To na nic. Do pańskiego wymarzonego ogrodu, monsieur, potrzeba całych ton – wielu ton – dobrej, urodzajnej ziemi. I oczywiście, ponieważ życie każdego ogrodu zależy od wody, systemu irygacyjnego, który go zabezpieczy przed suszą. Dopiero wtedy możemy się zabrać do sadzenia.

Raptem zawisa nad ludźmi groźba bankructwa i w tym momencie jedni ponownie odkrywają proste uroki tymianku i lawendy, zdolnych istnieć, a nawet dobrze się rozwijać bez importowanej ziemi czy sprowadzanej wody. Inni natomiast, odważniejsi, bardziej marzycielscy, zdecydowani czy po prostu zamożniejsi, biorą głęboki oddech, sięgają do kieszeni i nie rezygnują.

Najpierw przyjeżdżają buldożery, aby wyrównać teren. Zostawiają za sobą olbrzymie zwały kamieni, korzeni i krzaków, które miały nieszczęście stanąć na drodze postępu. Te szpetne garby należy usunąć. Po ich wywiezieniu pojawiają się konwoje ciężarówek – ciężarówek wysoko załadowanych ziemią, wykopaną w jakimś odległym urodzajniejszym miejscu, ciężarówek wypchanych różami, oleandrami i workami nawozów sztucznych, ciężarówek z darnią, zwiniętą jak dywany, ciężarówek z gotowymi ogrodami z bukszpanów i ostrokrzewów, pięknie przystrzyżonych w stożki i kule. I są jeszcze kamienie węgielne ogrodowej architektury, drzewa.

Czymś całkiem zwyczajnym jest widok ruchomych lasów, które kołyszą się na drogach, zanim znikną w głębi ustronnych podjazdów: platany na długą, szeroką aleję, prowadzącą pod dom, oliwki nad basen, lipy, cyprysy i kasztany, aby czarować wzrok w letnie wieczory. Wszystkie te drzewa dawno przestały być młode, osiągnęły wczesną dojrzałość, teraz zaś, z korzeniami w olbrzymich kadziach albo owiniętymi płótnem workowym, wyglądają imponująco. Ogród także będzie imponujący – a cóż dopiero rachunek.

Z biegiem lat jak grzyby po deszczu wyrośli w Prowansji *pépiniéristes,* czyli szkółkarze. Są liczniejsi nawet od pośredników w handlu nieruchomościami; setki ich nazwisk figurują na jedenastu nabitych szpaltach żółtych kartek w książce telefonicznej dla Vaucluse. Mają przedsiębiorstwa różnej wielkości: od chaty na skraju pólka po wymyślniejsze, ukryte na kilku akrach bujnej zieleni. Do takiego właśnie pojechałem po natchnienie i doniczkę pelargonii.

Imperium ogrodnicze monsieur Appy leży poniżej Roussillon, wsi zarumienionej jak twarz po zbyt intensywnym opalaniu; spieczonej, brunatnej wsi z ochry, którą się wydobywa w pobliskich kopalniach. Zjeżdżając ze wzgórza i wybierając drogę na Gordes, człowiek widzi, jak czerwonawy odcień ziemi przechodzi w brąz, a winorośl maszeruje równymi, porządnymi szeregami po coraz bardziej płaskim terenie. Potem, w oddali, ukazuje się nad szczytami drzew zaokrąglony, przezroczysty dach.

Nie sposób tego czegoś nazwać oranżerią. Jest wielkości hangaru. Dałoby się tam umieścić małego boeinga, aby dojrzewał i w cieple wypuszczał skrzydła, w głębi zaś mogłaby jeszcze rosnąć skromnych rozmiarów dżungla. Odwiedziłem to miejsce pewnego upalnego popołudnia i nawet czułem woń dżungli; w duchocie i wilgoci pachniało urodzajem, nie zdziwiłby mnie też wcale widok małpy – niewątpliwie szwargoczącej z prowansalskim akcentem – która przyglądałaby mi się badawczo zza kępy azalii.

Rzadkością jest taka koncentracja zieleni albo tak liczne jej odcienie, rośliny o liściach lśniących zdrowiem – juki, gardenie, figowce sprężyste o smukłych, pofałdowanych pniach, rośliny jednoroczne i byliny, niewiarygodne w swej doskonałości krzewy. Na pewno w spokojny dzień słychać, jak rosną – odgłos ten przypomina wilgotny szept – ale dni rzadko bywają aż tak spokojne. W długich przejściach wciąż kręcą się mężczyźni z taczkami i skrzynkami pełnymi roślin. Projektanci ogrodów i ich klienci oglądają plany okolicy i robią notatki, od czasu do czasu rozczesując palcami włosy wyjątkowo bujnie porośniętej paproci. Ciężarówki i samochody podjeżdżają pod wejście, następnie zaś odjeżdżają, załadowane tym, co w przyszłości utworzy rabaty i ozdobne zarośla. A jest to tylko główna oranżeria, rzecz niezwykła, niewyobrażalnie daleka od przyrody w stanie naturalnym, olbrzymia wystawa zdyscyplinowanych upraw.

Większe i odporniejsze okazy trzyma się po drugiej stronie drogi. Tam, w dziale leśnym, można znaleźć stuletnie oliwki i wysokie na dwadzieścia stóp cyprysy, całe ich rzędy sąsiadujące niemal ze wszystkimi innymi rodzajami drzew, zdolnych do życia w Prowansji. Z kolei w ośrodku roślin strzyżonych pełno jest bukszpanów kulistych, piramidalnych i kształtem przypominających przysadziste ptaki o długich szyjach. Widziałem też niezwykły krzew, uformowany na podobieństwo węża. Musiał mieć dobrych pięć stóp wysokości, a według moich amatorskich obliczeń co najmniej sześćdziesiąt lat. Z własnego doświadczenia wiem, że bukszpanowi co roku przybywa niewiele ponad cal. Nie jestem jednak aż tak utalentowanym ogrodnikiem jak monsieur Appy.

Zwykle można go tam zastać. Jowialny i znakomicie kompetentny, przemyka się między roślinami a klientami, służy radą w każdej sprawie, od mączki kostnej do tępienia ślimaków, pomaga ładować do samochodu, równocześnie zaś udziela pięciominutowej lekcji przycinania. Ma wyraźny i – sądząc po skali jego interesu – uzasadniony błysk w oku. Monsieur Appy odniósł zasłużony sukces. Nie wyobrażam sobie, aby można było zwrócić się do kogoś lepszego, gdyby się chciało niezbyt obiecujący gąszcz przeobrazić w zielone arcydziełko; a nawet w zielone arcydzieło, coś w rodzaju współczesnego Wersalu.

Ogrody na wielką skalę budzą we mnie mieszane uczucia. Muszę podziwiać wysiłek, optymizm, wkład pieniężny, umiejętności *pépiniériste* i końcowe, często wspaniałe rezultaty. Widziałem kilka takich ogrodów i mógłbym przysiąc, że powstały w wieku dziewiętnastym, a nie zaledwie przed paru laty. Ale czy sam chciałbym mieć ogród, który stale trzeba zasilać mierzwą z banknotów pięćsetfrankowych? Chyba nie. Próby kontrolowania przyrody wymagałyby pracy na pełnym etacie i ustawicznej odpowiedzialności, wiem zaś, że przyroda odniosłaby zwycięstwo; odznacza się większą niż ja wytrwałością i nigdy nie robi przerwy na lunch.

Jakiś czas temu uznałem, że taki Wersal jest nie dla mnie. Z radością poprzestałbym na czymś mniej okazałym, łatwiejszym do utrzymania i na szczęście znalazłem kogoś, kto potrafiłby mi pomóc.

Jean-Luc Danneyrolles specjalizuje się w warzywniku, *potager*. Inni eksperci ogrodniczy i artyści krajobrazowi przyprawiają o omdlenie swoimi opisami alejek i drzew, cienistych tras spacerowych i splecionych gałęziami limet; Jean-Luc potrafi się zachwycać marchwią.

Po raz pierwszy usłyszałem o nim od przyjaciela. Wybrali się kiedyś zimą we dwóch na spacer i raptem Jean-Luc przystanął przed na pozór zwyczajnym dębem, powyginanym od wiatru, niskim jak setki innych. Wokół pnia spostrzegł jednak dość okrągły, niby wypalony placek ziemi. Upadł na kolana i na czworakach obwąchiwał ziemię, drapał jej powierzchnię i znów wąchał. Potem zaczął grzebać rękami, bardzo delikatnie, i wydobył truflę.

Po wysłuchaniu tej historii zapragnąłem go poznać. Wyobrażałem sobie mityczną istotę, pół człowieka, pół psa, jednego z truflarzy Bernarda, tyle że w ludzkiej skórze, kogoś niskiego i włochatego, przypuszczalnie z dużym, wilgotnym nosem. Kiedy w końcu doszło do spotkania, okazał się znacznie przystojniejszy: miał gęste czarne włosy, bystre brązowe oczy i uśmiech, który przyniósłby zaszczyt hollywoodzkiemu dentyście. Na pewno był człowiekiem. Ale przy bliższym poznaniu dostrzegłem w nim coś, czym się różnił od innych mężczyzn, nawet tych zdobywających środki do życia we współpracy z przyrodą. Łączy go jakieś niesamowite pokrewieństwo z ziemią; zupełnie jakby umiał przejrzeć ją na wylot. Potrafi, na przykład, na jej skrawku, zdeptanym wcześniej przez setki osób, znaleźć rzecz, której nikt inny nie zauważył.

Pewnego razu, gdy siedzieliśmy w jego biurze – biurze ogrodnika, z kaloszami w kącie, torebkami nasion w szufladkach segregatora i ostrym eukaliptusowym zapachem wydobywającym się z żelaznego piecyka – zapytał, czy nie zechciałbym obejrzeć czegoś, co nazwał ikonami. Wszystkie te okruchy historii znalazł na polach wokół swego domu. Obszar ten określa mianem p*oubelle antique*, starożytnego wysypiska śmieci, składnicy rozmaitych przedmiotów, zgubionych czy wyrzuconych w ciągu sześciu tysięcy lat osadnictwa na tym terenie.

Wybrał kilka miniaturowych siekierek, czasem nie większych od kartonika z zapałkami. Były to kamienie, pozbierane dawno temu w łożysku rzeki Durance, następnie uformowane, naostrzone i wygładzone tak, że matowym połyskiem przypominały natłuszczony łupek. Wyglądały jak małe tomahawki, najwyraźniej zbyt małe, aby służyć za broń. W rzeczywistości te narzędzia wykonał człowiek epoki neolitu, „wynalazca rolnictwa", a posługiwał się nimi tak, jak my dzisiaj posłużylibyśmy się mechanicznym nożem do wycinania splątanych zarośli. W epoce kamienia ogrodnictwo musiało być cichszym zajęciem.

Jean-Luc rozłożył na stole dużo znalezionych zabytków i przenieśliśmy się w inną cywilizację. Były wśród tych przedmiotów rzymskie monety o krawędziach lekko wyszczerbionych z biegiem stuleci, lecz z nadal dającymi się rozpoznać podobiznami. Na jednej parę czytelnych liter wskazywało, że zamazany profil przedstawia cezara Augusta; na drugiej widniała postać kobiety, siedzącej obok amfory. Był kawałek marmurowego palca naturalnych rozmiarów, odłupany od posągu. Była idealnie przycięta kostka ciemnoniebieskiej mozaiki. I dziesiątki fragmentów terakoty, czasem z imionami rzymskich garncarzy, kiedy indziej z szerokim, prostym wyżłobieniem, zrobionym przez rzymski kciuk.

– A o tym co pan sądzi? – Jean-Luc z uśmiechem popchnął do mnie po stole niemal płaską, niemal kwadratową skorupę. Z powodzeniem mieściła mi się na dłoni, była zaś maleńkim, lecz wyraźnym studium nagiej pary – kochanków pokazanych bez głów, zapewne z uwagi na ich reputację, przyłapanych w chwili akrobacji seksualnej – rzymskim pieprznym dowcipem. Czy ten ułamek ceramiki stanowił część półmiska, wyciąganego na specjalne okazje? Jakie miałyby to być okazje? Orgie? Wesela? Bar micwy? Czy też półmisek był po prostu typowym dla stylu epoki, używanym na co dzień elementem dekoracyjnym, który każda wytworna, dobra rzymska rodzina chciałaby postawić na stole, kiedy na obiad przyjdą sąsiedzi?

Z dziwnym uczuciem trzymałem skorupę w ręku, patrząc równocześnie przez okno na świat współczesny: słupy telefoniczne, zaparkowany samochód, tłuczniową drogę. Ludzie przez parę tysięcy lat żyli tutaj, dokładnie w tym miejscu, gdzie siedzimy, i pozostawili po sobie zabytki, jakie dziś umieszczamy w muzeach: dzieła sztuki i przedmioty użytkowe, często fascynujące, niekiedy piękne. Nie wyobrażałem sobie, aby pozostałości po wieku dwudziestym – kawałki plastiku, metalu i rozmaite pamiątki nuklearne – mogły być równie ciekawe.

Zapytałem Jean-Luca, czemu przypisuje swoje sukcesy w znajdowaniu tego, co przeoczyli inni.

– *C'est le regard du jardinie*r – odparł. Oko ogrodnika, które bada ziemię. Wiem, że to nie jest aż takie proste, choć on się przy tym upiera. Dla niego dorywcze zajmowanie się archeologią to tylko hobby.

Jego praca polega na uprawie warzyw. Większość sobotnich poranków spędza na targu w Apt, gdzie na swoim stoisku je sprzedaje. Wszystkie uprawia *à la façon biologique* – to znaczy bez wątpliwych korzyści, jakie płyną ze stosowania chemikaliów: żadnych pestycydów, środków chwastobójczych, żadnych mieszanek na pobudzenie wzrostu, żadnego naginania przyrody do własnych potrzeb. Kiedy opowiedziałem mu o sklepie, który widziałem w Kalifornii – nazywał się chyba butikiem warzywnym – a w którym sprzedawano sześcienne pomidory, łatwiej dające się ułożyć w lodówce, zamilkł. Po jego minie poznałem, co o tym myśli.

Zaczął uprawiać warzywa w sposób naturalny wiele lat wcześniej, na długo przedtem, nim zapanowała taka moda. Irytują go entuzjastyczne artykuły na temat powrotu do ziemi. Poważni ogrodnicy, twierdzi, nigdy od niej nie odeszli. Dzięki rozbudzeniu zainteresowania żywnością ekologiczną stał się jednak we Francji kimś w rodzaju warzywnego guru. Napisał elegancką książeczkę o cebuli i czosnku – pierwszą tego rodzaju książkę, jaką widziałem, ze wskazówkami, dotyczącymi odstraszania nietoperzy-wampirów – niedawno zaś skończył drugą, o pomidorach. Teraz ludzie zlecają mu zakładanie *potagers*. Projektuje ogród warzywny, zaopatruje w rośliny i mówi, co robić, aby dobrze rosły. Jeśli ktoś go ładnie poprosi, może nawet przyjdzie zjeść coś, co się tam zbierze.

Najsławniejszym klientem Jean-Luca jest Alain Ducasse, szef kuchni, który ma obecnie najwyższe we Francji odznaczenie, sześć gwiazdek Michelina. Ducasse, właściciel restauracji w Paryżu (trzygwiazdkowej), drugiej w Monte Carlo (trzygwiazdkowej), otworzył ostatnio trzecią w Haute Provence, w miejscowości Moustiers Sainte Marie. To właśnie tu, w Moustiers, Jean-Luc zaplanował i obsadził *potager* godny księcia gastronomii; nie tylko ze zwykłymi rządkami tradycyjnego groszku, fasoli i sałaty, lecz także z dawnymi, niemal zapomnianymi warzywami, dla których założył ten nowoczesny ogród.

Zbiera okazy w całym kraju. Czasami znajduje je zdziczałe na polach albo starające się przetrwać wśród chwastów w czyimś od dawna zapuszczonym warzywniku. Kontaktuje się z innymi ogrodnikami, znacznie od siebie starszymi, i od nich dostaje nasiona, które pochodzą od nasion, jakie im dali jeszcze starsi ogrodnicy. Czyta klasyczne opracowania, w rodzaju wydanej w roku 1890 książki Vilmorina „Les Plantes Potagères" z opisami warzyw, spożywanych przez naszych przodków. W ten sposób odkrył na nowo dalekiego, delikatnego krewniaka pasternaku, cały wachlarz aromatycznych ziół i coś dziwnego, co chyba może mieć wielką przyszłość.

Kształt ma to znajomy, skórkę podobną do pomidora, ale jest pomidorem czarnym. Czy też, w zależności od oświetlenia, pomidorem ciemnofioletowym, barwą zbliżonym do bakłażana. W smaku delikatny, może nieco wyrazistszy od czerwonego pomidora, wywołuje wrażenie wzrokowe mroczne i dramatyczne. Już widzę, jak zyskuje szaloną popularność wśród szefów kuchni, którzy mają upodobanie do dużych białych talerzy i malowniczych sałatek. Z odrobiną szczęścia może nawet wyprzeć sześcienne pomidory.

Kiedy ostatnio widziałem Jean-Luca, przygotowywał eksponat na festiwal ogrodniczy w Chaumont. Wykonał projekt idealnego *potager*, a przed przystąpieniem do jego realizacji robił makietę na kawałku dykty, miniaturowy plan warzywnika do celów edukacyjnych.

Na czterech kwadratach miałoby się w ogrodzie pomieścić sto pięćdziesiąt odmian roślin: ziół, warzyw z jadalnymi kwiatami, owocami i korzeniami. Każdy kwadrat otaczałaby gęsta obwódka z niskich bukszpanów, żwirowane ścieżki przecinałyby się pod kątem prostym. Na ich skrzyżowaniu wkopano by znalezione przez Jean-Luca drzewo, szkielet starej oliwki, która zmarzła w zimie 1956 roku. A w głębi znajdowałaby się *gloriette,* uszlachetniona wersja szopy ogrodowej o spadzistym, spiczastym dachu.

Poszczególne elementy głównej makiety były pokazane na jeszcze mniejszych makietach. Rzędy mikroskopijnych, różnokolorowych kępek z bibułki oznaczały rozmaite rośliny, warstwa drobin żwiru – ścieżki, gałązka zaś – drzewo. Wszystko miało odpowiednią skalę w tym ogrodzie, który świadczył o galijskim zamiłowaniu do ładu, porządku i symetrii. Wypuść Francuza na otwartą przestrzeń, a zaraz zechce ją uporządkować; potem zobaczy, czy da się to zjeść. Warzywnik spełnia oba wymagania, jest piękny i dostarcza przysmaków na obiad.

Muszę przyznać, że marzyłbym o takim ogrodzie, więc spytałem, czy Jean-Luc nie zgodziłby się zaprojektować go dla nas – czegoś skromnego, na skrawku ziemi nie większym od dużej chustki do nosa, na którym moglibyśmy uprawiać czarne pomidory i delikatne rzepy.

Odpowiedział, że chętnie o tym pomyśli po powrocie z Nowego Jorku. Wybierają się tam z żoną na tydzień; pierwszy raz będą w Ameryce i nie mają pojęcia, czego się spodziewać. Kupiłem mu plan Manhattanu, a gdy na niego patrzył, zastanawiałem się, co mógłby uznać za szczególnie interesujące.

Gdzie miałbym posłać zawodowego ogrodnika, kiedy pierwszy raz odwiedzi Nowy Jork? Oczywiście do Central Parku, bo jego obszar – niemal dwukrotnie większy niż całego księstwa Monako – musi wywrzeć wrażenie. Może jednak ogrodnikowi nie przypadnie do gustu rozległość parku, kręte, biegnące na chybił trafił alejki, brak prostych linii, niezdyscyplinowane drzewa, ogólny brak formalizmu. Należy go też ostrzec przed ciężkostrawnymi hot dogami i kieszonkowcami na łyżworolkach.

Ale moim zdaniem powinien mu się spodobać sposób, w jaki zapanowano nad przyrodą wzdłuż Piątej Alei, z jej sadzonymi na wiosnę kwiatami i ledwie widocznymi wysoko w górze nad jezdnią milionerskimi ogrodami na dachach.

Co się tyczy warzyw, Jean-Luc dostrzeże ich obfitość, większych i bardziej wypucowanych, niż do tego przywykł. Wszystkie będą sezonowe. I po raz pierwszy zetknie się z Koreańczykami, którzy przejęli chyba cały handel warzywami na Manhattanie. Niestety napotka trudności w porównywaniu notatek z kolegami po fachu, choć uśmiechnąłem się na myśl o tym, jak Koreańczyk i Prowansalczyk spróbują dyskutować o zaletach cukinii, każdy w swoim języku.

Ostatecznie postanowiłem zrobić mu tylko jedną propozycję. Jeśli chce zobaczyć trochę zieleni – prawdziwej zieleni – niech się wybierze na giełdę.

Oderwał wzrok od planu i pokręcił głową zdumiony, oczarowany symetrycznym układem ulic w centrum Manhattanu.

– Nie zdawałem sobie sprawy, że to takie logiczne – powiedział. – Takie proste.

– I zabawne – dodałem. – Bardzo zabawne. Ale po Prowansji tempo będzie trochę szokujące. Wszyscy się śpieszą.

– Dlaczego?

Niekiedy jedyną odpowiedzią jest wzruszenie ramionami.

PS

Jedenaście lat temu raczej przez przypadek niż rozmyślnie napisałem „Rok w Prowansji". Byłoby dziwne, gdyby w tym czasie nic się w Prowansji nie zmieniło, a mówiono, zwłaszcza zaś pisano w prasie brytyjskiej, że do niektórych zmian sam się przyczyniłem. Moją winą jest między innymi zachęcanie ludzi, aby odwiedzali ten region. Zbyt wielu ludzi – o wiele za wielu – jeśli wierzyć doniesieniom reporterów. Co gorsza, ludzi niewłaściwych. Autor jednego zdumiewająco dziwacznego artykułu twierdził, że skłoniłem chuligańskich angielskich kibiców (którzy nie słyną z pożerania lektur) do najazdu na Luberon. Zapewniał nas, że będą zalani piwem i pełni złych zamiarów. Z lubością malował okropne obrazy grabieży, wyuzdania i zniszczenia. Skoro jednak nikt nie zadał sobie fatygi i nie poinformował chuliganów, oni nie przyjechali. Sprawa ucichła.

Potem ukazywały się inne historyjki o najeździe, na ogół pisane w dogodnych punktach obserwacyjnych, w odległości tysięcy mil, po drugiej stronie Kanału. W tych artykułach opłakiwano koniec Prowansji jako obszaru nie skażonego. Ciekawe było porównywanie tego, czym straszono, z tym, co widziałem z mojego okna. Najczęściej zobaczyć mogłem pustą drogę albo dolinę. Bynajmniej nie hordy ludzi.

Teraz, po jedenastu latach, niewiele się zmieniło. Wydatnie poprawiła się jakość miejscowych win, większy jest wybór restauracji. W niektórych popularniejszych wsiach, takich jak Gordes i Bonnieux, tłoczno robi się w lipcu i sierpniu. Natomiast brzydkich pomników turystyki masowej – tych trzystupokojowych hoteli, parków tematycznych i kolonii domów spółdzielczych – nie ma i nie będzie, jeśli nie przestaną obowiązywać obecne ograniczenia budowlane. Prowansja nadal jest piękna. Jej wielkie połacie wciąż pozostają dzikie i puste. Ciszy i spokoju, zagrożonych we współczesnym świecie, tutaj nadal można zażywać. Starzy mężczyźni nadal bez końca grają w bule. Targi jak zawsze są barwne i obfitują we wszystko. Można tu swobodnie oddychać, a powietrze jest czyste.

Charakter jakiemuś miejscu nadają głównie ludzie, tutaj zaś chyba w ogóle się nie zmienili. Cieszy mnie, że mam okazję podziękować im za ciepłe przyjęcie i liczne dowody życzliwości. Dali nam odczuć, że wróciliśmy do domu.

Spis treści